AF413778

EL MENSAJE DE DIOS AL MUNDO

ME HABÉIS ENTENDIDO MAL

NEALE DONALD WALSCH

Título: *El mensaje de Dios al mundo*
Subtítulo: *Me habéis entendido mal*
Autor: Neale Donald Walsch
Título original en inglés: *God's Message to the World: You've Got Me All Wrong*

Primera edición en España, mayo de 2025
Para la edición original © 2010 de Neale Donald Walsch
Para la edición en España, © Ediciones El Grano de Mostaza S.L.
Esta edición se publica por acuerdo con Waterside Productions Inc. a través de
International Editores & Yáñez Co. S.L.

Impreso en España
ISBN PAPEL: 978-84-129748-8-1
ISBN EBOOK: 978-84-129748-9-8
DL: B 6582-2025

El Grano de Mostaza Ediciones, S.L.
Carrer de Balmes 394, principal primera
08022 Barcelona, Spain
www.elgranodemostaza.com

EL MENSAJE DE DIOS AL MUNDO

ME HABÉIS ENTENDIDO MAL

NEALE DONALD WALSCH

A todos los buscadores sinceros.

ÍNDICE

1

LA BASE DE TANTAS COSAS

No es poca cosa equivocarse con respecto a Dios.

Y si casi todo el mundo en el planeta se equivoca con respecto a Dios, *realmente* no es poca cosa.

Si casi todo el mundo en el planeta tiene nociones equivocadas sobre Dios, casi todo lo que toda la gente haga en el planeta no funcionará de acuerdo con la intención original. Esto se debe a que gran parte de lo que se hace está basado en muchas de las creencias sobre Dios.

¿Crees que no es así?

Vuelve a pensarlo.

Casi todas las leyes modernas de la civilización surgieron de las primeras normas y leyes de alguna tradición religiosa. Casi todos los códigos morales de la humanidad se derivan de los mandatos de una religión. Casi todos los movimientos políticos y teorías económicas se basan en ideas de justicia sobre lo que está bien y lo que está mal y de la equidad básica, propugnadas originalmente por maestros espirituales.

Incluso los que no creen en Dios se ven afectados y guiados por muchos de los principios fundamentales introducidos por los creyentes en la Historia Cultural.

Y un número sorprendente de las decisiones personales que toman miles de millones de individuos en todo el planeta se toman en el contexto de lo que creen que es el propósito de la vida, de lo que creen que ocurre cuando esta vida se acaba, y de lo que creen sobre Dios y sobre lo que Dios quiere.

Así que no es poca cosa equivocarse con respecto a Dios.

✳

Proposición: no está funcionando ninguno de los sistemas que hemos puesto en marcha para mejorar la vida en este planeta.

Espera. Es peor.

Los sistemas que hemos puesto en marcha no solo no han producido los resultados esperados, sino que están produciendo *exactamente lo contrario*.

Ya he planteado esta cuestión en libros anteriores. Creo que merece la pena repetirlo y enfatizarlo aquí.

En realidad, nuestros sistemas políticos están *aumentando el* desacuerdo y la confusión. Nuestros sistemas económicos están *aumentando* la pobreza y el abismo existente entre ricos y pobres. Nuestros sistemas ecológicos están *aumentando la* degradación del medio ambiente.

Nuestros sistemas sanitarios están *aumentando* la desigualdad en el acceso a los medicamentos modernos y a los servicios de salud. Nuestros sistemas educativos en realidad están *aumentando* la brecha del conocimiento. Nuestros sistemas sociales están *aumentando* la disparidad, la discriminación y la injusticia.

Y quizá lo más triste de todo sea que, en la práctica, nuestros sistemas espirituales *están aumentando* las pretensiones de superioridad moral, la intolerancia, la ira, el odio, la violencia y la guerra.

Si la mejora de la vida humana en la Tierra fuera un experimento de laboratorio, hace tiempo que se habría considerado un fracaso absoluto.

De hecho, un desastre espantoso.

*

No todo el mundo está de acuerdo. Hay quienes creen que la humanidad está evolucionando hacia niveles cada vez más altos de realización y sofisticación, produciendo una calidad de vida cada vez mejor para todos los miembros de nuestra especie.

Sin embargo, es posible que no estén entre los 842 millones de personas (una de cada ocho en el mundo) que no tienen suficiente para comer. Y es seguro que no son los padres de los más de 650 niños que mueren de hambre cada hora.

Presumiblemente no estarán entre los 20,9 millones de mujeres y niños que cada año son comprados y vendidos para la servidumbre sexual.

Imaginamos que tampoco estarán entre los más de 3.000 millones de personas que viven con menos de 2,50 dólares al día, ni entre los miles de millones que no tienen acceso a la atención sanitaria. (Unos 19.000 niños mueren cada día por problemas de salud evitables, como la malaria, la diarrea y la neumonía).

Probablemente tampoco están entre los 1.700 millones de personas que carecen de agua potable, ni entre los 2.600 millones que carecen de saneamiento básico, ni entre los 1.600 millones de personas —una cuarta parte de la humanidad— que viven sin electricidad.

Así es. En el primer cuarto del siglo XXI, *2.600 millones de personas viven sin retretes y 1.600 millones sin electricidad.*

Te preguntarás: «¿Cómo es posible?». Y es una muy buena pregunta.

Es una pregunta especialmente buena dado que la humanidad se imagina a sí misma como una especie «civilizada». Para las personas de las categorías anteriores, la «civilización que trae la Civilización» ni siquiera ha empezado.

Un planeta en el que el 5 % de la población posee o controla el 95 % de la riqueza y los recursos, y en el que la mayoría de ese 5 % piensa que eso está perfectamente bien —incluso cuando un número desmesurado de personas languidece en la carencia y el sufrimiento— no parece un planeta en el que se haya logrado un gran avance humanitario.

Todo esto se debe a los valores colectivos de las personas que pueden hacer algo al respecto. ¿Y de dónde vienen esos valores? Sugiero que en gran parte se derivan de las creencias bienintencionadas, pero erróneas, sobre Dios que tienen muchos seres humanos, incluidos los que no creen en Él en absoluto.

✳

¿A alguien le importa que nuestra especie haya sido un fracaso tan grande, o por qué lo ha sido?

¿Alguien imagina que *no* lo ha sido?

¿Alguien quiere saber cómo se le puede dar la vuelta a toda esta situación en un abrir y cerrar de ojos?

¿Alguien quiere saber cómo su vida personal puede cambiar para mejor mediante la adopción de una sola idea?

¿Quieres *tú*? ¿Quieres saberlo?

2

¿ESTÁS PREPARADO PARA
EL GRAN «Y SI...»?

Si pensabas que este iba a ser un libro fácil de leer, te equivocabas. Si, por el contrario, estás dispuesto a afrontar un desafío intelectual y espiritual intrigante, y a menudo controvertido, has llegado al lugar adecuado.

Más que eso, este podría ser uno de los libros más importantes que hayas leído en tu vida. Y eso es exactamente lo que pretende ser para el mundo: uno de los libros más importantes que jamás hayas leído.

Si esto suena pretencioso, lo siento. Pero es el momento de hacer declaraciones atrevidas. Dios sabe que ya es tiempo.

Este libro explora diecisiete afirmaciones sobre Dios. Son estas:

- Se ha de temer a Dios.
- Puede que Dios ni siquiera exista.
- Dios existe y es un ser masculino sobrehumano.
- Dios exige obediencia.
- Dios nos ve como imperfectos, y no podemos volver a Dios en un estado de imperfección.
- Dios nos exige que creamos en Él y que Le adoremos de una forma específica.

- Dios es vengativo y su amor puede convertirse en ira.
- Dios estaba en guerra con el diablo, y así empezó todo.
- Dios determina lo que está bien y lo que está mal.
- Necesitamos el perdón de Dios para poder entrar en el cielo.
- Dios tiene un plan para nosotros.
- Dios está de nuestro lado.
- Dios honra el sacrificio de uno mismo, el sufrimiento prolongado (preferiblemente en silencio) y el martirio.
- Dios a veces responde a nuestras plegarias y otras veces no.
- Dios nos recompensará o nos castigará el Día del Juicio Final.
- Dios quiere que volvamos al cielo.
- Dios está separado de nosotros.

Ninguna de estas afirmaciones es cierta.

❋

Sean verdaderas o no, estas afirmaciones son el ejemplo perfecto de lo que la mayoría de los creyentes del mundo creen *sobre* Dios.

Este libro cuestiona esas creencias. En estas páginas vamos a examinar en profundidad el gran *¿y si...?*

¿Y si la mitad de las afirmaciones anteriores no son ciertas? ¿Y si un tercio de ellas no lo son? ¿Y si solo *una* de ellas resulta ser errónea?

Esto es lo que ocurre: si una sola de las diecisiete afirmaciones anteriores sobre Dios no es cierta, toda la lista se desmorona. El dogma del mundo sobre la Deidad se cae a pedazos. Porque cada afirmación depende de las otras para que todo el dogma tenga sentido.

Sin embargo, el propósito de este libro no es desmantelar la fe en Dios, sino todo lo contrario. El propósito de este libro es refundar esa creencia, hacerla más grande y mejor que nunca revelando a un Dios que es más grande y mejor de lo que la mayoría de la gente jamás imaginó.

Por eso, no te sorprenderá que algunas de las cosas que se van a decir aquí puedan llevarte al límite de tu zona de confort. Y ciertamente ampliarán tus creencias.

Si las cosas que vamos a decir fueran totalmente creíbles al instante, *la gente ya las estaría creyendo ahora.* La mayoría de la gente no las cree todavía por una razón muy triste: son demasiado buenas para ser verdad.

Sin embargo, si las creencias sobre *Dios* no pueden ser demasiado buenas para ser ciertas, *¿qué puede serlo?*

Ahora bien, comprendo perfectamente que te ponga un poco nervioso adentrarte en una exploración sobre Dios que se sale de los límites a los que estás acostumbrado. Sin embargo, explorar nuestra comprensión de Dios no debería ser una experiencia incómoda o inquietante.

Tampoco debería producir enfado. Incluso si este libro no hace otra cosa que confirmar tus actuales creencias sobre Dios, habrá hecho exactamente lo que pretendía. Te das cuenta de esto, ¿verdad? El objetivo del libro es señalarte tu verdad más íntima e invitarte a vivirla más profundamente.

El libro simplemente abre la pregunta. Simplemente inicia el debate. Te invita a realizar un examen muy personal de lo que crees. En cuanto a esta finalidad, no puede fracasar, a menos que no hagas este examen con una profunda pureza de corazón y un hondo deseo de emprender lo que podría ser, como he dicho, la exploración personal más importante de tu vida.

✳

Dios te *invita* a cuestionar. Dios te *invita* a preguntarte. Dios te *invita* a llegar a tus propias conclusiones, no a aceptar ciegamente las conclusiones de otros. Esto es valentía, no blasfemia. Y según lo último que he oído, Dios no castiga la valentía.

Lo que debería resultarnos alarmante es *no* explorar nunca nuestras conclusiones. Esto puede tener otros efectos más allá de detener nuestro crecimiento personal y espiritual. Si millones de nosotros decidiéramos «quedarnos quietos» —si millones de nosotros simplemente nos negáramos a explorar o investigar ideas y creencias sobre Dios diferentes de las que siempre hemos adoptado—, eso no sería bueno para nuestra especie.

Millones de nosotros *hemos* decidido «quedarnos donde estamos».

Esto no ha sido bueno para nuestra especie.

De hecho, esta es una de las principales razones de que en nuestro planeta existan unas condiciones tan desalentadoras, y de que un gran número de personas sean infelices, incluidas muchas de las que supuestamente están viviendo la «buena vida».

Cuando incluso las personas que crees que tienen *todos los motivos para ser felices* no lo son, *sabes que algo va mal*. Y sabes que el problema debe ser *sistémico*, o no habría tantas personas infelices durante tanto tiempo.

Esto no debería ser así. Esto no tiene sentido. En un planeta tan bendecido como el nuestro, con una especie tan inteligente, innovadora e inventiva como la nuestra, esto no debería estar ocurriendo. Algo no cuadra.

Así que ahí va una pregunta para que todos reflexionemos:

¿Es posible que haya algo que no
hemos comprendido plenamente sobre Dios,
y cuya comprensión podría cambiarlo todo?

3

LO QUE LOS HUMANOS SIMPLEMENTE SE NIEGAN A HACER

La pregunta que cierra el último capítulo es la primera de una lista de preguntas difíciles que vas a encontrar aquí. Y esta primera pregunta es la que la humanidad está menos preparada para escuchar.

Parece que no estamos preparados para aceptar —de hecho, parecemos *incapaces* de aceptar— que exista *siquiera la posibilidad* de que nos hayamos equivocado en *algún sentido* con respecto a Dios.

Ahora te invito a que observes algo.

No es algo pequeño. Es algo *grande*.

Observa que la humanidad ha estado sorprendentemente poco dispuesta a hacer en un ámbito importante de la vida lo que ha hecho con mucho gusto en todos los demás ámbitos de la experiencia terrenal.

Lo ha hecho en la ciencia. Afortunadamente lo ha hecho, y gracias a ello ha producido descubrimientos extraordinarios.

Lo ha hecho en la medicina. Afortunadamente lo ha hecho y gracias a ello ha producido milagros asombrosos.

Lo ha hecho en la tecnología. Afortunadamente lo ha hecho y gracias a ello ha producido avances impensables.

No lo ha hecho en el terreno de las creencias. Y, especialmente, de las creencias sobre Dios.

Gracias a que la humanidad ha hecho esto en todas las demás áreas, nuestra especie ha conseguido algunos progresos admirables para mejorar el potencial de la vida y la alegría de vivir. Sin embargo, este progreso solo ha alcanzado a un mínimo porcentaje de la población de nuestro mundo (recordemos que miles de millones de personas carecen de la simple comodidad de la electricidad o de la dignidad de tener retretes). Estas limitaciones en lo que hemos conseguido son el resultado de que la humanidad *no* ha hecho una cosa en el área más importante de la experiencia humana.

¿Y qué es eso que nos hemos negado obstinadamente a hacer en este ámbito crítico y que hemos estado dispuestos, incluso deseosos, de hacer en todas las demás áreas del quehacer humano?

Cuestionar la Suposición Previa.

✳

En el ámbito de la ciencia, en cuanto hacemos un descubrimiento, lo cuestionamos por un lado y por el otro. En medicina, tan pronto como encontramos una cura, nos preguntamos cuáles son los supuestos en los que se basa. En tecnología, en cuanto creamos una aplicación nueva y maravillosa, cuestionamos su valor y la ponemos a prueba, hacemos que demuestre su valía.

En cada una de estas áreas, en cuanto decidimos que una conclusión a la que hemos llegado es «correcta», *cuestionamos la Suposición Previa.*

Sin embargo, en el ámbito de nuestras creencias no hacemos tal cosa. De hecho, hacemos justo lo contrario. Decimos que cuestionar la Suposición Previa es blasfemia, apostasía, herejía. El resultado es que, aunque nos estamos adentrando profundamente en el siglo XXI, la mayor parte de nosotros seguimos dedicados a —y operando desde— las ideas, creencias y conclusiones sobre Dios del siglo I y anteriores.

Si hiciéramos esto en medicina, hoy estaríamos operando con una piedra muy afilada.

4

LA MAYORÍA DE LA GENTE ESTÁ DE ACUERDO: *DIOS HABLA CON NOSOTROS*

Antes de seguir adelante, debes saber de dónde vienen todas estas reflexiones.

Soy el autor de la serie de libros *Conversaciones con Dios*. En esos diálogos recibí la información que voy a compartir aquí contigo.

Puede que te parezca extravagante, por decirlo suavemente, que yo crea que he mantenido conversaciones con Dios. Sin embargo, *casi nadie que crea en Dios se opone a la afirmación de que Dios ha hablado directamente con los seres humanos.*

Parece haber muy poca controversia al respecto. De hecho, los seguidores de prácticamente todas las grandes religiones sostienen que sus doctrinas se basan en las enseñanzas de alguien que, según ellos, ha comulgado directamente con lo Divino.

Estoy de acuerdo con ellos.

Creo que Dios inspiró a Lao Tse, invitó a un mayor cuestionamiento de la vida con Buda, habló directamente a Moisés, reveló la divinidad a través de Jesús, explicó grandes secretos de la vida a Mahoma, susurró profundas verdades a Bahá'u'lláh, se comunicó a través de un ángel con José Smith, y ha hablado a una larga lista de otros que no menciono aquí.

Esta lista no se limita a los hombres. El punto de vista de la humanidad, históricamente orientado a lo masculino, ha hecho que nos fijemos más y prestemos más atención a las palabras de estos y otros de los llamados Hombres Santos. Pero también hay muchas mujeres que han oído la voz de Dios y han compartido la revelación divina con la humanidad.

Entre ellas se encuentran Santa Isabel, la Madre María, Melania la Vieja, Hildegarda de Bingen, Teresa de Ávila y Juana de Arco. Y en épocas más contemporáneas, H.P. Blavatsky, Annie Besant, Madre Teresa, Mātā Amṛtānandamayī Devī y Madre Meera. Esta lista también incluye muchos otros nombres que no se mencionan aquí.

Ahora bien, yo no considero que estoy a la altura de estas personas. No en cuanto al impacto que han tenido, y siguen teniendo, en la familia humana, y desde luego no en cuanto a su desarrollo espiritual personal. Pero sí me considero —tal y como considero a todos los seres humanos que han vivido, viven y vivirán— igual a los mencionados en cuanto a ser digno de que Dios se dirija a mí.

Iré más lejos. Sé que se nos habla a cada uno de nosotros. Cada minuto, cada hora, cada día.

Lo que ocurre es que simplemente llamamos a las comunicaciones de Dios de otra manera. Serendipia..., coincidencia..., intuición femenina..., inspiración..., una visión repentina..., un destello de genialidad..., intervención divina..., providencia..., cualquier cosa que podamos decir sin que se nos ridiculice, margine o descarte de partida.

Se nos descarta si decimos que Dios habló *ayer* con nosotros, porque, aunque estamos de acuerdo en que Dios habló con los seres humanos en la «antigüedad», no estamos tan dispuestos a admitir que Dios habla con la gente en el *presente*.

¿Habló Dios directamente a Moisés en la cima de la montaña? Sin duda. ¿Reveló Dios la naturaleza de la divinidad, y de la verdadera relación de la humanidad con La Divinidad, a Bahá'u'lláh hace 200 años? Millones de personas no lo dudan. ¿Habló Dios directamente a alguien en Tuscaloosa, Alabama, o en Hamburgo, Alemania, hace veinticuatro horas? No. *Para la inmensa mayoría de la gente, la respuesta sería no.*

¿Por qué? Porque la inmensa mayoría de la gente no tiene muy claro, a día de hoy, la verdadera naturaleza de la divinidad, la verdadera relación de Dios con los seres humanos, la verdadera razón y finalidad de la vida, y la verdadera identidad, misión e intención del alma.

Todo esto va a terminar aquí. Todo va a quedar muy claro.

✳

El texto que tienes en tus manos es una prolongación de mi serie *Conversaciones con Dios.* Aunque no se presenta en forma de diálogo, el contexto que aquí se expone fue inspirado por Lo Divino exactamente de la misma manera que esos escritos anteriores, y surge de ellos.

Si has leído uno o varios de los libros *Conversaciones con Dios*, lo que vas a encontrar aquí te resultará muy familiar. Se expone de forma diferente, se ofrece de manera sencilla y muy directa, pero te resultará familiar en cuanto a concepto y contenido.

Y apuesto a que eso te va a parecer muy bien.

¿Por qué? Por dos razones.

En primer lugar, sabes que en todos los lugares a los que se han dirigido los seres humanos durante los últimos miles de años han oído la misma Vieja Historia Cultural, y precisamente por eso la mayor parte de la humanidad se aferra a ella. Es *familiar* y, por tanto, *cómoda*, aunque haya colocado a nuestra especie en una situación extremadamente *incómoda*. Así que tienes claro que solo usando *la misma herramienta de repetición* puede una Nueva Historia Cultural llegar a ser cómoda, lo que le capacitaría para ser adoptada como parte del siguiente paso de la evolución humana.

En segundo lugar, la profunda exploración de los elementos más importantes de la Nueva Historia Cultural que se ofrece aquí es más que un mero eco de argumentaciones que se han ofrecido anteriormente. Se trata de enfocarse de manera muy afilada en un poderoso y singular mensaje, un mensaje que sacude, altera, corrige y reconstruye los cimientos sobre los que nuestra sociedad global ha construido sus actuales sistemas disfuncionales.

¿Cuál es este poderoso y singular mensaje?

Hemos malinterpretado a Dios.

✳

Tal vez pertenezcas a una segunda categoría de personas: aquellas que no han leído ningún libro de *Conversaciones con* Dios, pero que han oído hablar de ellos y tal vez se hayan preguntado a qué se debe la atención que han suscitado (siete de los nueve títulos han entrado en la lista de los más vendidos del *New York Times,* los libros se han vendido por millones y se han traducido a treinta y siete idiomas).

Si estás en este grupo, verás que este texto se centra en sus afirmaciones más sorprendentes y cristaliza los mensajes que han afectado a las vidas de personas de todo el mundo de una forma maravillosamente positiva y sanadora.

Por último, si perteneces al grupo más numeroso de personas que forman la tercera categoría, no has leído ningún libro de *Conversaciones con Dios*, y nunca has oído hablar de ellos.

Si es así, descubrirás que lo que sigue es una visión nítida, fresca, provocadora —y lo que es más importante, muy *necesaria*— de un aspecto central de la experiencia humana: una expedición espiritual que podría despertarte a nuevas y extraordinarias posibilidades para tu vida... y sí, también para tu mundo.

5

NUESTROS ERRORES BIENINTENCIONADOS

No pretendíamos que nadie saliera perjudicado por nuestra Antigua Historia Cultural. Todo lo contrario. Pretendíamos que la humanidad se iluminara. Lo hicimos lo mejor que pudimos. Sin embargo, como dijo la maravillosa Maya Angelou: «Cuando sabemos más, lo hacemos mejor». Y ahora sabemos más.

Ahora somos más viejos. Más maduros. Sin duda, todavía estamos en las primeras etapas de nuestra juventud como especie, pero al menos fuera de la etapa de recién nacidos. Así pues, gente de toda la Tierra se está abriendo a nuevas verdades sobre Dios. En realidad no son nuevas en absoluto, sino lo que Dios nos ha estado diciendo todo el tiempo, pero ahora la especie está despertando y lo está comprendiendo mejor.

Hoy no solo uno o dos de nosotros, no solo unos pocos, sino millones en todas partes están escuchando el Mensaje Original de Dios, en lugar de nuestra Antigua Historia Cultural *sobre* él.

Ese Mensaje Original fue dado a la humanidad en las reflexiones iniciales de los primeros miembros de nuestra especie. Lo compartieron los más sabios de nuestro clan, los ancianos de nuestra tribu, los videntes y místicos de nuestro entorno. El Mensaje nunca ha dejado de llegar, y hoy llega a la humanidad de forma más omnipresente y precisa que nunca, ya que hemos aumentado nuestra capacidad de recibirlo, comprenderlo y compartirlo ampliamente.

No es casualidad que, ahora, casi todas las interpretaciones incluyentes del Mensaje Original contengan observaciones coincidentes, lleguen a conclusiones similares y describan realidades comparables.

Este texto que tienes entre manos condensa muchas de estas conclusiones, y se acerca al centro de la Nueva Espiritualidad actual: el simple pero sorprendente reconocimiento de que nuestra Antigua Historia Cultural *contenía muchas inexactitudes.*

Como producto de estos errores, nuestra forma de crear vida en este planeta ha sido profundamente disfuncional. Pero, al menos, ahora estamos preparados para explorar el punto exacto en el que es posible que no hayamos acertado.

Y Dios nos está ayudando ahora. Dios nos está ayudando en estos mismos días y tiempos. Al igual que los libros espirituales de antaño, de esto tratan los libros espirituales de hoy.

Son el Mensaje Original de Dios, interpretado. Pero no a través del filtro de la Antigua Historia Cultural de la humanidad sino, más bien, a través de una nueva lente. Estamos dispuestos a preguntar: ¿podría haber una Nueva Historia Cultural esperando que la descubramos? ¿Podría ser esta la historia que se contó originalmente, antes de que se distorsionara?

¿Podría haber una historia tan radicalmente diferente, tan milagrosamente transformadora, tan maravillosamente cercana al Mensaje Original de Dios, que la humanidad ha tenido que crecer, aunque solo sea un poco, para empezar a comprender su magnificencia? *¿Podría ser que Dios sigue enviándonos el Mensaje Original, y sigue invitándonos a escucharlo y recibirlo una y otra vez a lo largo de los milenios, cada vez con oídos nuevos y más maduros?*

✳

Ten en cuenta que estas últimas preguntas empezaban con la palabra *podría*.

Como especie, ¿tenemos el valor de al menos cuestionar la Suposición Previa?

Ahora Dios nos está diciendo que hemos cometido algunos errores.

Eso es, simple y llanamente. Y Dios está siendo específico al respecto. Aquí ya hemos presentado la lista de nuestros principales malentendidos sobre Dios. Pero no te confundas. Estos no son los supuestos que nos negamos a cuestionar.

La Suposición Previa es esta: «Todo lo que nos han dicho y enseñado sobre Dios es perfectamente exacto, y absoluta y completamente correcto».

No ha habido malentendidos. Ni uno solo. Nuestros maestros han dicho verdades inmutables.

No se trata solo de los Papas, a los que muchos consideran infalibles, se trata de todos los maestros y de todas las doctrinas espirituales que nos han sido muy queridas durante tanto tiempo.

Cada generación asume que cada enseñanza, dogma, principio, precepto, máxima, canon, credo e ideología del mensajero favorito de nuestro grupo particular debe vivirse al pie de la letra.

¿Por qué nos ha resultado tan difícil cuestionar este supuesto?

Bueno..., dejando a un lado el reto de las veintiuna principales religiones que existen en el mundo actual (y, según las mejores estimaciones, cerca de 4.200 agrupaciones religiosas en total)..., nos enfrentamos a una simple cuestión de necesidad personal.

Necesitamos creer en *algo*. Somos una especie frágil, y si no podemos tener fe en nuestros sistemas autocreados —nuestras construcciones políticas, económicas, educativas, medioambientales y sociales—, necesitamos al menos poder creer en lo que hemos construido en torno a nuestra Deidad.

Al menos la inmensa mayoría de nosotros lo hace. En el último recuento, casi cinco mil millones de personas en el mundo profesan la creencia de que existe un Ser Supremo o un Poder Superior. A la mayoría de las personas se les ha dicho que lo que creen *acerca* de ese Poder Superior es inviolable, que nunca se puede contradecir, infringir o deshonrar. Vacilar en la propia fe podría acarrear consecuencias muy desgraciadas.

Así que nos mantenemos firmes (literalmente) en nuestras Suposiciones Previas sobre Dios. Nada puede apartarnos de ellas.

Hay otra razón por la que muchos de nosotros hacemos esto. Tiene que ver con nuestra necesidad de creer no solo en lo que hemos construido, sino en las personas que nos dijeron cómo construirlo. Necesitamos y queremos creer en nuestros padres. Y en nuestros antepasados. Y en los suyos.

Tiene que ver con la tradición.

Cultura y tradición.

Sentimos que salir de la propia cultura, violar la propia tradición, es en gran medida como una traición, se parece demasiado a un abandono de todos los que han venido antes y de todo lo que ha producido nuestro pasado ancestral. Necesitamos tener fe en ese pasado porque, de no ser así, *¿quiénes somos?*

¿Tenemos que construirnos completamente nuevos en cada generación sucesiva? ¿Acaso los conocimientos anteriores y las enseñanzas de nuestros mayores no significan nada? ¿Hoy en día *todo* es «desechable»?

Estas son preguntas justas, y cabe esperar que cualquier persona inteligente y con respeto por el pasado pueda plantearlas. Sin embargo, me intrigó un comentario que leí dentro de una entrevista al Dr. Bertrand Piccard, en el número de mayo de 2014 de la revista de *Lufthansa*.

Hojeando las páginas de la publicación de esta compañía aérea mientras volaba a Bucarest para presentar un retiro de renovación espiritual, encontré una historia fascinante sobre el doctor Piccard, que nació en 1958 en una familia de científicos y exploradores.

Su abuelo, Auguste, fue la primera persona que alcanzó la estratosfera en globo en 1932. Su padre, Jacques, fue el primero en explorar las profundidades de la Fosa de las Marianas en submarino en 1960. Bertrand estudió medicina y ejerció la psiquiatría y la psicoterapia. En 1999 se convirtió en la primera persona en dar la vuelta a la Tierra en globo. En otras palabras, este hombre es un innovador, un pionero. Eso es lo que ha honrado en su propia formación, en su historia familiar, en su rica tradición.

El doctor Piccard decía en la entrevista:

«Me gusta hablar con personas que ven el mundo de forma diferente a la mía..., es como un ejercicio de estiramiento para mi mente... Otra cosa que practico con regularidad es poner a prueba mis convicciones. ¿Y si me equivoco en lo que supongo, y en realidad lo correcto es exactamente lo contrario? ¿Cómo cambiaría eso mi visión del mundo?».

6

ADMITÁMOSLO.
YA NOS HEMOS EQUIVOCADO ANTES

¿Podría ser que nuestras actuales suposiciones sobre Dios sean inexactas, y que incluso en algunos casos lo correcto sea exactamente lo contrario? ¿Cambiaría eso nuestra visión del mundo?

¿Nos ha hecho mucho bien *tener razón* durante todos estos siglos? ¿Podría hacernos mucho daño cuestionarnos si nos hemos equivocado?

Al no estar dispuestos a poner a prueba nuestras suposiciones, podríamos declarar que nuestro progreso evolutivo termina aquí mismo. No estamos yendo a ninguna parte. Las cosas son como son. Siempre han sido así y siempre serán así.

¿No es plano el mundo? ¿No es la Tierra el centro del universo alrededor del cual giran el sol y las estrellas?

Si —y solo si— la raza humana se harta de su comportamiento disfuncional de aferrarse a la historia hasta el final (por no hablar de sus actuaciones vengativas y violentas), avanzará en el examen de las causas de su propia conducta.

El hecho es que las *creencias* crean comportamientos, y lo que creemos es que nuestro Dios es vengativo y violento. Un Dios celoso. Un Dios de ira y retribución. «Mía es la venganza», dice el Señor.

¿De verdad? Bueno, pues aparentemente sí. La propia Sagrada Biblia relata la matanza de más de dos millones de personas a partir de mandatos de Dios.

¿Puede esto ser cierto? ¿O podría la Biblia estar «equivocada» al respecto? De hecho, ¿podría la Biblia estar «equivocada» con respecto a algo?

¿Y el Corán? ¿Y el Bhagavad-Gita? ¿Y la Torá, la Misná, el Talmud? ¿Podría haber errores en el Rig Veda, en los Brahmanas, en los Upanishads? ¿Hay nociones erróneas en el Mahabharata, el Ramayana, los Puranas? ¿Y qué hay del Tao-te-Ching, del Dharma de Buda, del Dhammapada, el Shih-chi o del Canon Pali?

¿Debemos creer todas y cada una de las palabras del Libro del Mormón?

No todas estas fuentes hablan de un Dios violento, pero todas hablan de *verdades más amplias*, y millones de personas se han sentido conmovidas por lo que tenían para decir. La cuestión es que hemos creído, de distintas maneras, las palabras de todas estas escrituras sagradas y, para volver a hacer una pregunta justa, ¿a dónde nos ha llevado? ¿Ha llegado el momento de cuestionar la Suposición Previa?

Quizás sí.

✳

No, no quizás. Absolutamente.

Pero ¿por qué? ¿Y si *nos* equivocamos sobre Dios? ¿Qué diferencia supondría?

¿Tendría alguna importancia práctica en nuestra vida de cada día? ¿Podría realmente afectar a todo un planeta?

Claro que sí.

Y afectaría a todo el planeta.

Pero toda persona pensante debe preguntarse en primer lugar: ¿cómo es que si Dios ha comunicado sus verdades directamente a los seres humanos, como afirman tantas religiones, los mensajes que esos seres humanos han compartido no son idénticos? ¿Por qué tantas diferencias, algunas sutiles y otras muy significativas?

Lo que está cada vez más claro es que, aunque era Dios quien *enviaba* esas comunicaciones, los que las *recibían* eran humanos. Y eran otros humanos los que *interpretaban* lo recibido.

En pocas palabras: aunque el Mensaje Original ha sido claro, no todos los mensajeros lo han sido. Especialmente los que recibieron el mensaje de los que recibieron el mensaje. En otras palabras, los *intérpretes* de lo que los primeros mensajeros escucharon y compartieron.

Esto no es culpa de los intérpretes. Simplemente refleja las distintas capacidades de los miembros de una especie para comprender el mensaje plenamente cuando se les presenta por primera vez. Esto, a su vez, tendría que ver con *cuándo*, en el curso de la evolución de una especie, se recibe inicialmente el mensaje.

En el caso de la humanidad, esto ocurrió hace muchos miles de años, y desde entonces nuestra especie ha evolucionado considerablemente, por lo que hemos ampliado nuestra capacidad de *comprender* lo que nos decía el Mensaje Original.

Así que admitámoslo: es posible que las primeras interpretaciones del primer Mensaje no hayan sido total, absoluta y completamente exactas. Y esa es la cuestión aquí. La afirmación no es que la religión, *per se,* lo haya entendido todo mal. Lo que se está diciendo es que es posible que la información esté incompleta, y por tanto no sea del todo exacta.

¿Podemos simplemente admitir esto?

✻

Estamos empezando a hacerlo. Nos ha llevado mucho tiempo, pero estamos empezando.

Ejemplo: el 22 de abril de 2007, la Iglesia Católica Romana revocó su enseñanza centenaria sobre el limbo.

Durante cientos de años, la Iglesia enseñó que las almas de los niños que morían sin ser bautizados se encontrarían en un lugar llamado limbo, donde serían eternamente felices pero se les negaría «la visión beatífica». En otras palabras, no estarían en compañía ni en presencia de Dios.

En 2007, un organismo asesor de la Iglesia, conocido como Comisión Teológica Internacional, publicó un documento titulado «La esperanza de salvación para los niños que mueren sin ser bautizados». En ese pronunciamiento —cuya publicación fue autorizada por el Papa Benedicto XVI, indicando que lo aprobaba—, la comisión afirmó que, después de todo, la antigua interpretación del Mensaje Original en torno a negar la entrada directa del alma de un niño en el cielo podría no ser exacta.

La conclusión de la Iglesia católica, en palabras de la comisión, es que «los muchos factores que hemos considerado... dan serios motivos teológicos y litúrgicos para esperar que los niños no bautizados que mueren se salven y disfruten de la visión beatífica».

A continuación, el documento de la Iglesia, que admitía algo asombroso y enormemente importante:

«Insistimos en que se trata de razones para la oración esperanzada, más que de fundamentos para un conocimiento seguro. *Hay mucho que simplemente no se nos ha revelado*». (La cursiva es mía).

Esta notable afirmación sugiere que, un organismo tan augusto como la Santísima Iglesia Católica Romana, incluso en pleno siglo XXI, sostiene que no se nos ha revelado todo con respecto a Dios. Lo que significa, presumiblemente, que aún queda más por revelar.

No se trata de un anuncio menor.

Otro ejemplo: en 1978, la Iglesia de Jesucristo de los Santos de los Últimos Días (la Iglesia SUD, o mormona) revocó su prolongada prohibición de ordenar sacerdotes a hombres negros.

Se decía que su negativa a hacerlo durante 130 años, desde su fundación en 1849, se basaba en su lectura de las Escrituras, que generaba la opinión de que los hombres y mujeres negros habían heredado la llamada «maldición de Cam». Esta noción no solo sirvió para impedir que los hombres negros fueran sacerdotes, sino que fue motivo para prohibir que tanto las mujeres como los hombres negros *participaran* en las ceremonias de los templos SUD.

Los negros no podían entrar en los templos mormones, que, sin embargo, se consideraban las casas sagradas de Dios. Los mormones creían que el pasaje supuestamente relevante de las escrituras se encuentra en el Libro del Génesis y se refiere a la embriaguez de Noé y al acto vergonzoso que la acompañó, perpetrado por su hijo Cam, el padre de Canaán.

El artículo de la Wikipedia sobre este tema continúa diciendo que «las controversias suscitadas por este relato en relación con la naturaleza de la transgresión de Cam, y la cuestión de por qué Noé maldijo a Canaán cuando el que había pecado era Cam, se han debatido durante más de dos mil años. El objetivo del relato original era justificar el sometimiento de los cananeos a los israelitas, pero en siglos posteriores, algunos judíos, cristianos y musulmanes lo interpretaron como una maldición y una explicación de la piel negra, así como de la esclavitud».

Sea como fuere, en 1978 la Primera Presidencia de la Iglesia y los Doce, dirigidos por Spencer W. Kimball, declararon que habían *recibido una revelación* que les ordenaba anular la política de restricción racial.

La prohibición de los sacerdotes negros se levantó en una declaración conocida como «Declaración Oficial 2», basada, cabe señalar de nuevo para enfatizarlo, en lo que la iglesia insistía en que era *una revelación de Dios*. (La cursiva es mía).

Esta notable declaración sugiere que un organismo tan augusto como la Iglesia de Jesucristo de los Santos de los Últimos Días, incluso en una fecha tan avanzada como el siglo XXI, sostiene que no ha sido revelado todo sobre Dios, y que *ahora las revelaciones* las reciben seres humanos normales y corrientes.

Este no es un anuncio menor.

Espera un momento. No lo pasemos por alto. Démosle algo más que una ligera ojeada.

¿Una *revelación de Dios* ha sido reconocida abiertamente por una religión mundial en una fecha tan reciente como 1978?

Sí.

¿La mayor iglesia cristiana del mundo ha aprobado un *cambio importante en una antigua doctrina* en una fecha tan reciente como 2007?

Sí.

Entonces, parece que la revelación directa de Dios *no* se produjo solo en la antigüedad, y tampoco *se detuvo* entonces.

Esto plantea otra cuestión interesante. ¿Es posible que los seres humanos reciban revelaciones de Dios *incluso ahora?*

Sí.

Pero ¿se limita la revelación a los presidentes de las iglesias y a los Papas? ¿Solo unos pocos seres humanos han recibido revelaciones de Dios?

No.

✳

Ahora viene un gran *¿Y si...?*

*¿Y si el número de personas
que han tenido conversaciones con Dios
es ilimitado?*

*¿Y si la lista incluye
a todos los seres humanos que han vivido,
viven ahora y vivirán?*

*¿Y si Dios está hablando con todos
todo el tiempo? ¿Y si no se trata de
a quién le habla Dios, sino de quién Le escucha?*

¿Podría ser cierto algo así?

La sola idea sacude los cimientos de nuestra realidad actual. Sin embargo, he aquí una interesante observación de Madre Meera:

«Un error frecuente es pensar que una realidad es *la* realidad. Siempre debes estar preparado para dejar una realidad por otra mayor».

Sin duda.

✳

Tengamos clara una cosa: todos los mensajes que la humanidad ha recibido sobre Dios, desde el principio de la historia documentada hasta nuestros días, han llegado a través de seres humanos.

Para tenerlo muy claro, volvamos a repetirlo, en mayúsculas.

*Todos los mensajes que la humanidad ha
recibido sobre Dios, desde el principio
de la historia hasta nuestros días,
HAN LLEGADO A TRAVÉS DE SERES HUMANOS.*

Dios está revelando continuamente la divinidad a la humanidad *a través de* la humanidad.

Dios nunca se ha detenido y nunca lo hará.

Ahora la humanidad está creciendo en su capacidad de escuchar las revelaciones de Dios con mayor claridad y de interpretarlas con mayor precisión.

Esto es el resultado de la maduración de la humanidad como especie.

Ahora, tras muchos miles de años, hemos avanzado hasta el punto de desarrollar una mente y un oído abiertos a las continuas revelaciones de La Divinidad.

Hemos llegado a aceptar que es posible recibir tales revelaciones a día de hoy —no solo en «los viejos tiempos»— y hemos ampliado nuestra capacidad de experimentar esto directamente como una realidad.

Es de ayuda el hecho de que, aunque ha llevado muchísimas generaciones llevarlo a cabo, por fin hemos empezado a distanciarnos de la lealtad incuestionable a las enseñanzas del pasado.

Nos estamos permitiendo tomar lo bueno de esas enseñanzas y seguir aplicándolo, pero también cribar y clasificar lo que es disfuncional, liberándonos, por fin, del impacto limitador y psicológicamente perjudicial de muchas de esas antiguas interpretaciones del Mensaje Original.

Empecemos a hacerlo a un nuevo nivel.

Empecemos ahora mismo.

7

NUESTRO PRIMER MALENTENDIDO SOBRE DIOS:
HEMOS DE TEMER A DIOS

De todas las cosas que me han dicho sobre Dios a lo largo de los años que llevo en el planeta, la más triste que he oído es algo que han dicho una y otra y *otra vez* todas las voces de autoridad: «Tened miedo de Dios».

El cristianismo está repleto de tales admoniciones. También el islam. Y lo mismo ocurre con las enseñanzas del judaísmo. De cada una de estas grandes religiones oímos palabras como estas...

«Teme a Dios y guarda sus mandamientos, porque este es el deber del hombre» (Eclesiastés 12:13). «El temor del Señor es el principio de la sabiduría» (Proverbios 9:10). «Y quien teme a Alá, Él le abrirá una salida» (Surah at Talaq 65:2). «Que toda la tierra tema al Señor» (Salmos 33:8).

Hay más. Muchas más.

«Limpiémonos de toda suciedad de la carne y del espíritu, perfeccionando la santidad en el temor de Dios» (2 Corintios 7:1).

¿La santidad se perfecciona mediante el temor de Dios? Sí, esa ha sido la enseñanza. Y se ha compartido no solo con los pocos piadosos y santos de los monasterios, reclusos y estudiosos que han buscado la «santidad», sino que se ha difundido ampliamente, para que «todos los pueblos de la tierra conozcan la mano del Señor, que [es] poderosa; para que temáis al Señor, vuestro Dios, para siempre» (Josué 4:24).

Ahora viene el gran *¿Y si...?*

*¿Y si no tuviéramos que
temer a Dios por ningún motivo?*

¿Marcaría eso alguna diferencia? ¿Importaría? En el esquema general de las cosas, ¿tendría algún impacto significativo en nuestra experiencia planetaria?

Sí, por supuesto que sí. Si pensáramos que no tenemos por qué temer a Dios, la mayoría de las doctrinas religiosas del mundo se quedarían sin suelo bajo los pies. La religión en sí no desaparecería (no creo que la idea y la práctica de honrar nuestro impulso natural hacia lo Divino vayan a desaparecer nunca de la experiencia humana), pero solo permanecería su «parte alta». Su base —la idea de que *debemos* temer a Dios porque es una Deidad enfadada, sentenciosa, condenatoria y castigadora— se disolvería.

Entonces, tendríamos que encontrar otra razón para actuar o no actuar de determinada manera, para hacer o no hacer ciertas cosas, para mantener o no determinado pensamiento sobre la vida, sobre los demás, sobre por qué estamos aquí en esta forma física, y, sobre todo, para explicar de arriba abajo la experiencia de la presencia de la humanidad en este planeta.

Pero haría falta mucho para convencernos de que no hay que temer a Dios. Ya hemos captado el mensaje. Y en caso de que no lo hayamos hecho, nos lo han repetido —tomado de las Escrituras y expresado con sus propias palabras— muchas personas a las que tenemos motivos para admirar.

Como David Livingstone, un héroe nacional ampliamente conocido e inmensamente popular en Gran Bretaña, cuyo encuentro con H. M. Stanley en 1871 mientras trabajaba como médico misionero en África dio lugar a la popular cita «Dr. Livingstone, supongo». Livingstone nos dijo: «Teme a Dios y trabaja duro».

Como Oswald Chambers, el evangelista y profesor escocés de principios del siglo XX, más conocido como autor del devocionario *En pos de lo Supremo (My Utmost for His Highest)*, que nos dijo: «Lo extraordinario de Dios es que cuando Le temes, no temes a nada más, mientras que si no temes a Dios, temes a todo lo demás».

Como Ray Comfort, un ministro y evangelizador cristiano de nuestros días que escribió *El camino del Maestro*, y nos dijo: «Cuando los hombres no temen a Dios, se entregan al mal». (En otras palabras, solo el temor a Dios impide que nos portemos mal).

O —para no afinar en exceso— como Charles Inglis, irlandés y primer obispo de la Iglesia de Inglaterra en la diócesis de Nueva Escocia a principios del siglo XIX, que fue un modelo de lo que miles de clérigos han hecho antes y después, y se hizo eco perfectamente de las Escrituras cuando dijo: «Temer a Dios es uno de los primeros y más grandes deberes de sus criaturas racionales».

Así, vemos que temer a Dios es un *deber.*

❋

La experiencia infantil que tuve con el catolicismo fue la de una religión muy amistosa. Lo único que yo tenía que hacer era ir a misa los domingos, confesarme los sábados, comulgar regularmente, obedecer los mandamientos, seguir las enseñanzas de la Iglesia, vivir una vida lo más libre de pecado que fuera posible, y así estaría bien con Dios.

Pero si cuestionaba seriamente lo que me habían enseñado —y, con toda certeza, si *rechazaba* cualquier aspecto importante de ello—, Dios no estaría contento conmigo y podría tener que pagarlo con el infierno.

Literalmente.

Y mi religión no era la única que históricamente metía miedo en el corazón de hombres y mujeres.

Considera esta noticia, escrita en mayo de 1420:

Un tribunal sudanés ha condenado a muerte a una mujer de 27 años embarazada, Meriam Yehya Ibrahim, por casarse con un hombre cristiano y afirmar su fe en el cristianismo. La mujer ha sido acusada y condenada por apostasía, ya que el tribunal de Jartum la considera musulmana. El tribunal consideró irrelevante el hecho de que fuera criada en el cristianismo por su madre, después de que su padre musulmán la abandonara cuando tenía seis años.

Como su padre era musulmán, el tribunal también la consideró como tal, por lo que su matrimonio con un hombre no musulmán no fue reconocido ni válido. Por lo tanto, también fue declarada culpable de adulterio y condenada a 100 latigazos.

Lo siento mucho, he cometido un error tipográfico. He escrito esos números en el orden inverso. No fue en mayo de 1420, sino en mayo de *2014*.

Has leído bien. En *2014* , una mujer fue condenada a *muerte* tras ser declarada culpable de renunciar a su fe islámica. Su condena solo fue anulada tras una protesta internacional. Y así vemos que, entre el miedo al infierno y el miedo a la muerte, las religiones han encontrado, hasta el día de hoy, una forma de mantener a los fieles..., bueno..., ...fieles.

El mero hecho de cuestionar la doctrina religiosa oficial puede provocar el rechazo o la marginación en la propia comunidad espiritual, por no hablar de que, en algunos países, se te puede acusar formalmente de apostasía, con la consiguiente expulsión del país o incluso la pena de muerte.

Además de la ansiedad y el terror que se han infundido en los fieles (¿o deberían llamarse «los temerosos»?), en muchas personas existe esa inclinación natural que hemos mencionado antes a no dudar, cuestionar o desafiar en ningún caso sus creencias más profundamente arraigadas, porque piensan que hacerlo deshonraría a su familia, tradición o cultura.

Junta el miedo a Dios con la reticencia a deshonrar el pasado y no es de extrañar que la exploración espiritual más allá de las fronteras de la doctrina aceptada y la ortodoxia no resulte fácil para el ser humano. Sí, *puede* ser profundamente inquietante en el mejor de los casos, y atemorizante en el peor.

¿De dónde procede esta vieja idea de que debemos temer a Dios? Se basa en la falsa idea de que Dios quiere dos cosas: Amor y Justicia.

Se nos dice que para cumplir Su primer deseo, Dios ha concedido a cada ser humano amplias y repetidas oportunidades de reconciliarse con Él. Para cumplir el segundo deseo, Dios, al final de cada vida humana, se sienta a juzgar a cada alma, decidiendo en este «ajuste de cuentas» si se ha ganado la recompensa eterna en el cielo, la condenación eterna en el infierno, o algo intermedio: una posible sentencia de «purificación» temporal, pero agonizante, en lo que los católicos y algunos otros cristianos llaman purgatorio. Los miembros de la Iglesia de Jesucristo de los Santos de los Últimos Días se refieren a este lugar en el que no se está condenado eternamente como la Prisión del Espíritu, donde se dice que las almas existen con dolor, culpa y angustia, pero solo hasta el juicio final, cuando a todos se les da otra última oportunidad de declarar que Jesucristo es su salvador.

La razón de todo esto, se nos dice, es que en el cielo solo pueden existir la perfección y la santidad. (Seguiremos hablando de ello más adelante). Puesto que pocos de nosotros morimos en un estado de perfección absoluta y santidad completa, algunos debemos ir a un lugar intermedio para ser limpiados de nuestros pecados mediante tormentos y sufrimientos infernales, pero no eternos. Al parecer, la duración de nuestro sufrimiento viene determinada por lo larga que sea la lista de nuestros pecados.

Otros debemos ir directos al infierno para sufrir eternamente por pecados que son tan graves, que ni siquiera pueden ser borrados mediante un tormento temporal; sencillamente, Dios no puede ni quiere perdonarlos.

Aunque quizá los católicos hablan más del purgatorio que los fieles de otros credos, esta noción de una experiencia intermedia (y temible) previa a la entrada en el cielo no se limita al catolicismo, ni siquiera a la categoría más amplia de todas las sectas del cristianismo. La práctica de cuidar a los muertos y rezar por ellos existía mucho antes del nacimiento de Cristo, como, por ejemplo, en ciertos ritos egipcios. También se encuentra en las tradiciones islámica y judía.

De hecho, las antiguas escrituras sagradas hablan de un proceso de *apocatástasis,* término derivado del griego antiguo que se entiende como reconstitución, restitución o restablecimiento de la condición original o primordial.

Se dice que los seres humanos de la Tierra pueden ayudar a las almas de los difuntos mediante oraciones y ofrendas. En el cristianismo primitivo se decía que los ricos obtenían para sus queridos difuntos lo que se llamaba la indulgencia plenaria, que los liberaba instantáneamente del purgatorio si entregaban una gran suma de dinero, tierras o ambas cosas a la Iglesia católica (práctica que llevó a Martín Lutero a protestar abiertamente, lo que dio lugar al movimiento protestante llamado Reforma).

Con todas estas preocupaciones, rezos y cuidado de los muertos durante todos estos miles de años, no es de extrañar que tantas personas teman hasta el día de hoy lo que la ira de Dios pueda imponerles después de la muerte.

El mensaje de Dios al mundo

Dios nos ha estado diciendo desde el principio, y cada día lo tenemos más claro, que la Antigua Historia Cultural humana de que debemos temer a Dios es simple y llanamente inexacta.

Está bien eliminar esta antigua enseñanza de nuestra historia actual, y dejar de contárnosla a nosotros mismos y a nuestros hijos.

Lo *último* que Dios sugeriría es que Le temiéramos.

Dios ni siquiera nos ordena que Le amemos. *Podemos* amar a Dios si queremos, pero Él no necesita que lo hagamos, ni nos lo exige ni nos lo ordena. El amor no es algo que Dios ordene. El amor es lo que Dios *es*.

Dios experimenta lo que Él es, lo sepamos o no. Dios no necesita que Le proporcionemos lo que Él mismo es para que lo experimente. Dios *nos* suministra a nosotros lo que Él es, y lo triste es que muy a menudo *nos negamos* a experimentarlo.

¿Qué clase de Deidad nos ordenaría temerle y amarle al mismo tiempo? Esta es la pregunta que tienes que hacerte si quieres abordar con justicia la cuestión de si este tipo de teología tiene sentido.

La teología actual de miles de millones de seres humanos afirma que Dios es un Dios celoso, un Dios vengativo y un Dios iracundo que utiliza la violencia con los seres humanos y que les ha ordenado que sean violentos entre ellos. También declara que Dios es un Dios bondadoso, un Dios compasivo, un Dios misericordioso y un Dios amoroso que solo quiere lo mejor para nosotros.

Un resultado de esta enseñanza es que, aunque la mayoría de los seres humanos sienten que deben temer a Dios, también desean amarle. Así, muchos confunden el miedo y el amor, considerando que de algún modo están relacionados.

En lo que respecta a Dios, nos encanta tener miedo y nos da miedo no amar. De hecho, hemos convertido en *una virtud* ser «temerosos de Dios», incluso cuando intentamos cumplir el mandamiento de «Amarás al Señor, tu Dios, con toda tu mente, con todo tu corazón y con toda tu alma».

Según nuestra Vieja Historia Cultural, Dios ha dejado claro que ama a los humanos si hacen lo que Él quiere. Si no lo hacen, los humanos conocerán Su ira. Serán llevados a la condenación eterna.

Algunos dicen que Dios actúa con amor cuando muestra Su ira. Adopta una especie de perfil paternal como diciendo: «Esto me duele más a mí que a ti». Es amoroso cuando condena a las personas a una tortura eterna e indecible. Con esta explicación, pretenden preservar la imagen y la noción de un Dios amoroso.

Así, muchas personas se sienten muy confusas acerca de la verdadera naturaleza del amor. Los seres humanos «entienden», en algún nivel profundamente intuitivo, que imponer un castigo interminable no parece muy amoroso. Sin embargo, se les dice que tal castigo es una demostración del amor más puro y elevado, pues Dios solo pretende preservar en el cielo la justicia perfecta y la santidad completa. Según la antigua historia, puesto que Dios es justo, debe exigir justicia. Esto es el amor de Dios en acción (el amor de Dios a la perfección, aunque no el amor de Dios a las personas).

Esta manera de empaquetar el amor y el miedo en la teología no ha dejado de tener consecuencias en el comportamiento humano. La gente se asusta de lo que más desea.

La noción de que Dios debe impartir justicia mediante el castigo sugiere que está paralizado por Su propia ley, y tiene menos libertad que el juez de un tribunal humano. Dios es sencillamente incapaz de hacer lo que dice que elige.

Esto sí que nos daría motivos para temer, pues tenemos a un Dios que aparentemente no tiene elección con respecto a Sus propias decisiones.

Por tanto, no es raro que los seres humanos tengan miedo del amor humano, del mismo modo que se les ha hecho tener miedo del amor de Dios. Se les ha enseñado que el amor de Dios puede convertirse en ira en un abrir y cerrar de ojos, produciendo resultados espantosos, y que Dios no tiene ninguna elección al respecto. «Estas son las reglas».

O, peor aún, que Dios *sí* tiene elección al respecto, y cada vez elige activamente, sin excepción de misericordia o compasión, condenar a las almas a la condenación eterna, a la tortura implacable, a la angustia eterna y al sufrimiento indescriptible en los fuegos del Hades.

Una vez aclarado todo esto sobre su relación con Dios, las personas entablan relaciones amorosas y estrechas con otras personas acosadas por un pensamiento comprensible:

«¿Y ahora qué va a querer, necesitar o esperar de mí esta persona? ¿Y cómo seré castigado si no se lo proporciono? ¿Oiré la respuesta a esta pregunta en el Tribunal de Divorcios cuando sea juzgado?».

Al fin y al cabo, así es como entendemos la naturaleza de nuestra relación con un Dios todopoderoso. ¿Por qué o cómo sería menos rigurosa la relación con otro ser humano, aunque sea mucho más débil?

También está el corolario de que los miembros de una relación tienen *derecho* a esperar ciertas cosas a cambio de amor —al igual que Dios espera ciertas cosas— y, por tanto, el amor es una proposición *quid pro quo*.

Desde el principio, estas expectativas y temores socavan muchas relaciones amorosas. Y sin duda socavan nuestra relación con Dios.

También hay otra ramificación de todo esto. Dado que el amor más elevado que se pueda describir y la peor tortura imaginable se han vinculado en nuestra mente humana como expresiones naturales de Dios, la mayoría de los humanos creen que es correcto y adecuado que ellos también amen y torturen a los demás al mismo tiempo, y que juzguen, condenen y castiguen personalmente a quienes les ofenden.

Esto ha creado todo un sistema de lo que en nuestro mundo hemos etiquetado como «justicia», buena parte de la cual perpetra frecuentes *injusticias*, según las evaluaciones de casi todo el mundo.

Dejemos claro, ahora y siempre, que el temor a Dios no es el estado ideal o más elevado de santidad, conciencia, espiritualidad o incluso religiosidad. De hecho, es lo más alejado de ello.

Hagamos hincapié en ello.

El temor a Dios no es el ideal
ni es el estado más elevado de santidad,
conciencia, espiritualidad o incluso
religiosidad. Es, de hecho,
lo más alejado de ello.

El miedo a Dios debe basarse necesariamente en un pensamiento falso. El pensamiento es que Dios «va a ir a por nosotros» si no hacemos lo que Él quiere. En algún lugar de nuestro interior sabemos que esto no puede ser cierto, y por eso el miedo a Dios se siente como una mentira. ¿Has notado alguna vez cómo se te revuelve el estómago cuando sabes que estás diciendo una mentira? Así es como se siente tu estómago cuando alguien te dice que temas a Dios.

Lo triste de la mayoría de las teologías es que exigen que adoptemos la noción de que la naturaleza gozosa y la calidad maravillosa tanto de esta vida como de la vida en el más allá no están garantizadas.

Tener miedo a Dios es tu declaración de que Él tiene preferencias en cuanto a cómo vives tu vida, y no tiene otra forma de hacer valer dichas preferencias que utilizar la amenaza de un castigo peor que tu peor pesadilla.

El miedo es el resultado lógico de que la humanidad haya aceptado, como si fueran ciertas, cinco falacias sobre Dios: la primera es que Dios *necesita* algo. La segunda es que Dios *puede no conseguir* lo que necesita. La tercera es que Dios te *ha* separado de Él porque no Le has dado lo que necesita. La cuarta, que Dios sigue necesitando tanto lo que necesita que ahora te *exige que, desde tu posición separada,* se lo des. La quinta es que Dios *te destruirá* si no cumples Sus requisitos.

Cada una de estas declaraciones parece tan obviamente falaz de partida que apenas merecen mayor discusión. Sin embargo, consideradas en conjunto, constituyen *la base fundamental de la mayoría de las religiones del mundo*. Y lo sorprendente es que la humanidad ha sido incapaz de reconocer que estas cinco falacias han traído más dolor y destrucción a la existencia cotidiana que todas las demás creencias sobre la vida juntas.

✳

Lo cierto es que, como escribió el maestro espiritual Ernest Holmes en su maravilloso libro *La ciencia de la mente:*

> «El Amor es la llama central del universo; más aún,
> el fuego mismo. Está escrito que Dios es Amor
> y que somos Su semejanza expresada,
> la imagen del Ser Eterno.
> «El Amor es entregarse uno mismo a través de la creación,
> impartir Lo Divino a través de lo humano.
> El amor es una esencia,
> una atmósfera que desafía el análisis,
> tal como lo desafía la vida misma.
> Es lo que ES y no puede ser explicado:
> es común a todas las personas, a toda la vida animal
> y también es evidente en la respuesta de las plantas
> a quienes las aman. El amor reina sobre todo.
> «La esencia del amor, aunque esquiva, lo impregna todo,
> enciende el corazón, estimula las emociones,
> renueva el alma y proclama el Espíritu.
> «Solo el amor conoce al amor, y el amor solo conoce al amor.
> Las palabras no pueden expresar su profundidad
> ni su significado.
> Solo un sentido universal da testimonio del hecho divino:
> Dios es Amor y el Amor es Dios».

¿Qué hay que temer en esto?

Nada, absolutamente nada. Sin embargo, millones —más aún, miles de millones— siguen esclavizados por la idea de que es sabio y bueno ser «temeroso de Dios».

Ahora mismo, el mundo se beneficiaría enormemente de un *movimiento por los derechos civiles del alma* que por fin liberase a la humanidad de la opresión de sus creencias en un Dios violento, iracundo y vengativo.

8

OTRO MALENTENDIDO SOBRE DIOS: *PUEDE QUE DIOS NI SIQUIERA EXISTA*

Después de la idea de que hay que temer a Dios, la segunda noción más perjudicial sobre Dios que tienen algunos seres humanos es la idea de que podría no existir.

Esto es perjudicial porque impide a todos los ateos y a muchos agnósticos utilizar el poder de Dios, mientras la humanidad entera intenta colaborar para crear la vida que todos decimos que queremos para los habitantes de este planeta.

Si ves en la puerta de tu casa un cartel del gobierno municipal que indica que no hay electricidad en tu casa, no te molestarás en encender una lámpara, pues habrás llegado a la conclusión de que no tiene sentido hacerlo. Entonces estarás a oscuras. La energía que fluye te resultará inútil porque no crees que esté fluyendo. Ni siquiera lo pondrás a prueba porque *alguien con autoridad* te ha dicho que no hay electricidad.

Se calcula que ahora mismo más del 10 % de la población mundial cree que no hay electricidad. Ese es aproximadamente el número de personas que se clasifican a sí mismas como no religiosas, de las que un 2 % se declaran ateas. Y de la gran mayoría que afirman *creer* en Dios, un número enorme tiene dudas ocasionales —y a veces de por vida— sobre si el Dios en el que creen existe realmente.

✳

Ahora llega el gran *¿Y si...?*

¿Y si fuera cierto, más allá
de toda duda,
que Dios existe?

¿Cambiaría algo? ¿Importaría? En el esquema general de las cosas, ¿tendría algún impacto significativo en nuestra experiencia planetaria?

Sí. Si todo el mundo creyera sin ninguna duda que existe un Poder Superior del que surgió la vida en la Tierra, se crearía un contexto universalmente aceptado, una base sagrada o teológica para formular colectivamente los valores fundamentales de la humanidad.

Ahora mismo, los valores que guían el comportamiento de nuestra especie no son colectivos ni uniformes. Están dispersos por doquier.

Una persona puede creer que el abandono de su religión debe castigarse con la muerte, mientras otra puede creer que la persona que mata a otra por abandonar una religión debe ser condenada a muerte, por utilizar un ejemplo flagrante sacado a colación en el capítulo 2.

Una persona puede creer que el propósito de la vida es vivir de tal modo que se complazca a Dios y se llegue al cielo, mientras otra puede creer que el propósito de la existencia no tiene nada que ver con complacer a Dios, y una tercera persona puede creer que ni siquiera existe un Dios al que complacer.

Una persona puede creer que todas las almas que no creen en la Única Religión Verdadera irán al infierno, mientras otra puede creer que todas las almas que buscan a Dios con un deseo puro y verdadero evitarán ir al infierno, y una tercera puede creer que ni siquiera existe un infierno al que ir, y mucho menos un Dios que envíe a la gente allí.

Una persona puede creer que Dios define el bien y el mal, mientras que otra puede creer que Dios no considera las acciones, elecciones y decisiones de los seres humanos en estos términos, y una tercera puede creer que no existe ninguna Deidad en absoluto que vaya a aplicar tales etiquetas a los comportamientos humanos.

Una persona puede creer que el hecho de matar a otras como castigo por determinados delitos, o incluso como medio de «defender la fe», está en consonancia con la Ley de Dios, mientras que otra puede creer que matar a sus semejantes por cualquier motivo no está en absoluto en armonía con la Ley de Dios. Y una tercera creerá que no existe tal cosa como la Ley de Dios, y mucho menos un Dios que la anuncie.

Si no hay una creencia común sobre si existe una Deidad y una comprensión compartida de lo que es verdad sobre y para esa Deidad, ni siquiera podemos ponernos de acuerdo en una razón para vivir, cuál es el propósito de nuestra existencia, cuál es la experiencia —si la hay— que sigue a la muerte, y cuál es la base para tomar las decisiones más importantes, como individuo y como sociedad.

El mensaje de Dios al mundo

Dios nos ha estado diciendo desde el principio, y cada día lo tenemos más claro, que **las partes de la Vieja Historia Cultural de la humanidad que infunden dudas sobre si existe o no**

un Poder Superior en el universo son, simple y llanamente, inexactas.

Está bien eliminar ahora esta antigua enseñanza de nuestra historia actual, y dejar de contárnosla a nosotros mismos y a nuestros hijos.

Dios existe.

No te equivoques al respecto.

Dios existe.

Aunque hay quien opina que la ciencia y la espiritualidad son la antítesis una de la otra, la mayor mente científica de nuestro tiempo, Albert Einstein, dijo: «Creo en el Dios de Spinoza, que se revela en la armonía ordenada de lo que existe, no en un Dios que se ocupa de los destinos y las acciones de los seres humanos».

Se ha dicho que, cuando David Ben-Gurion (el principal fundador y primer ministro de Israel) le preguntó si creía en Dios, Einstein —que descubrió y propuso una fórmula sobre la energía y la masa que cambió el mundo— estuvo de acuerdo en que *debía haber algo detrás de la energía*.

Por tanto, merece la pena subrayar esto:

> *No te equivoques al respecto.*
> *Dios existe.*

Albert Einstein también dijo: «No puedo imaginarme a un Dios que recompense y castigue a los objetos de su creación, y cuyos propósitos sean calcados a los nuestros; un Dios, en definitiva, que no sea más que un reflejo de la fragilidad humana».

¿Podemos estar de acuerdo en esto? Dios no fue hecho a imagen y semejanza del ser humano.

Entonces, ¿quién o qué *es* Dios?

He aquí una analogía que puede ayudarnos a responder a esta antigua pregunta.

A medida que la humanidad se ha adentrado en el siglo xxi, la ciencia médica ha ido aprendiendo cada vez más sobre lo que ha denominado «células madre». Estas se describen como células indiferenciadas que pueden diferenciarse en células especializadas y dividirse para producir más células especializadas.

Si se extraen de un cuerpo humano antes de que se diferencien, es posible «persuadirlas» en un laboratorio para que adopten la identidad especializada de *cualquier célula del cuerpo humano.* Esto significa que pueden regenerar cualquier parte de prácticamente cualquier órgano del cuerpo, desde células cerebrales hasta tejido pulmonar, músculo cardiaco o los folículos pilosos de la cabeza. Esto ha dado lugar a la aparición de una nueva rama de la medicina que tiene la denominación genérica de nanobiotecnología.

¿Qué sentido tiene mencionar todo esto aquí?

Si la «naturaleza» puede hacer todo esto dentro del marco enormemente limitado de un solo cuerpo humano, ¿qué podría hacer una gota de la Fuerza Primordial o de la Esencia Esencial dentro del marco ilimitado del cosmos?

¿Están las células madre humanas mostrándonos algo a nivel micro que nos dice algo sobre la vida a escala macro? ¿Podría ser Dios, en cierto sentido, *la célula madre del universo,* capaz de diferenciarse de innumerables maneras?

Piensa en esto: Ahora los cosmólogos nos dicen que nuestro universo puede ser —y probablemente es— solo una de las *infinitas* manifestaciones de este tipo. En otras palabras, por muy insondablemente grande que hayamos supuesto que es nuestro universo, puede que no sea más que una partícula en un universo de universos.

O, dicho de otro modo, puede que no vivamos en *un universo*, sino en un *multiverso*.

Esto haría de nuestra Tierra un punto infinitesimal de un sistema solar, que es un punto infinitesimal de una galaxia, que es un punto infinitesimal en un cuadrante del cosmos, que es un punto infinitesimal de un universo, que es un punto infinitesimal de un multiverso infinito.

¿Podemos seguir dudando de que haya «algo» detrás, o subyacente, o de que haya dado origen a este magnífico multiverso? ¿No sería más lógico suponer y concluir que existe alguna causa detrás de los efectos del reino físico? ¿Y sería tan totalmente insensato llamar a esta Causa Primera «Dios»?

Es interesante observar que la ciencia aporta pruebas de una *inteligencia* extraordinaria que está presente en toda vida a nivel celular, e incluso submolecular. La vida parece *saber lo que hace*, y lo hace de forma deliberada, metódica, coherente y predecible. ¡Incluso la *in*consistencia puede predecirse![1]

Y luego está la comprensión relativamente reciente de lo que en física cuántica se conoce como *efecto observador,* que afirma: «Nada de lo observado deja de verse afectado por el observador».

Esto equivale a decir que hay tres elementos en el «sistema» que llamamos «vida»: *inteligencia, diseño* y *poder.* Es difícil examinar de cerca cualquier aspecto de la vida mientras lo observamos —ya sea en el micronivel del mundo submolecular o en el macronivel del cosmos—, sin admitir que las manifestaciones del mundo físico son demasiado sofisticadas y complejas, demasiado entrelazadas, entremezcladas y entretejidas, demasiado maravillosa y masivamente intrincadas e interactivas, como para haber sido el resultado del azar.

---

1. Véase el principio de incertidumbre de Heisenberg. (N. del E.)

Parece claro que, en el proceso de la vida misma, la presencia de los patrones de la vida no es «accidental» ni «incidental» y que la inteligencia y el poder que se evidencian en dichos patrones indican la existencia de una fuerza *que está detrás de* ese proceso. De hecho, son su Fuente y su Creador.

9

OTRO MALENTENDIDO SOBRE DIOS: *DIOS EXISTE Y ES UN SER MASCULINO SUPERHUMANO*

Aunque la afirmación de que Dios existe es aceptada por la inmensa mayoría de los seres humanos, la naturaleza y la forma exactas, la esencia y la cualidad, la constitución y el carácter de esta cosa llamada «Dios» siguen estando abiertos al debate.

Una enseñanza sobre La Divinidad —quizás la que más a menudo se refleja en la doctrina de muchas religiones— describe a Dios como un ser masculino sobrehumano, con características y propensiones humanas (ira, amor, tendencia a juzgar, etc.), pero con una sabiduría, un poder y unas habilidades muy superiores a las capacidades humanas, e incluso a la comprensión humana.

En algunas antiguas tradiciones espirituales anteriores a las religiones organizadas, la Divinidad era representada como una diosa femenina. Y aunque esta representación se ha traído al presente y se acepta como verdadera en ciertos movimientos espirituales, la interpretación de una Deidad masculina esbozada en el párrafo anterior ha sido, con mucho, la más prevaleciente.

＊

Ahora viene el gran *¿Y si...?*

*¿Y si Dios no es ni masculino
ni femenino, ni siquiera
un Súper Ser humano en absoluto?*

¿Habría alguna diferencia? ¿Importaría? En el esquema general de las cosas, ¿tendría alguna repercusión significativa en nuestra experiencia planetaria?

Sí. En primer lugar, dejaría de sostener una historia que prevalece en todo el mundo: la historia de la *supremacía masculina*.

No es casualidad que la mayoría de las grandes religiones sigan estando dirigidas por hombres. No es casualidad que la mayor religión del mundo, y una de las de más rápido crecimiento, todavía no permita la presencia de mujeres en su sacerdocio. No es casualidad que, a pesar de pequeñas desviaciones, los hombres sigan dominando el mundo empresarial y financiero. No es casualidad que, a día de hoy, los hombres sigan dominando la escena política global.

Tampoco es casualidad que, incluso en la medicina, la ciencia y el mundo académico, los hombres sigan superando ampliamente a las mujeres en los puestos de mayor influencia, impacto y autoridad. Y no es coincidencia que allí donde las mujeres alcanzan el nivel de los hombres en algunas instituciones sociales, incluso ahora, con demasiada frecuencia, se les pague menos que a sus homólogos masculinos aunque realicen el mismo trabajo.

Si pensáramos que Dios no es un varón, se consideraría más ampliamente que el poder, la fuerza y la gloria son rasgos tanto femeninos como masculinos. Nuestras representaciones de Dios no serían exclusivamente las de un hombre con pelo y barba blancos, y vestido con una túnica blanca. Imagina una Biblia ilustrada con la imagen de una Diosa. ¿Qué les diría *eso* a nuestros hijos?

¿Y si pensáramos que Dios ni siquiera es una persona? ¿Y si renunciáramos a la idea de Dios como varón *o* mujer? ¿Y si aceptáramos como verdad la idea de que Dios no es en absoluto una versión ampliada de los seres humanos; no es una «persona» en ningún sentido de la palabra? ¿Cambiaría eso las cosas en nuestra expresión global de la espiritualidad, en nuestra experiencia cotidiana de la religión?

Seguro que sí. Alteraría las interacciones padre/hijo de la mayoría de los seres humanos que creen en Dios. Afectaría profundamente a cómo comprendemos nuestra verdadera relación con la divinidad.

Cambiaría toda nuestra noción de cómo conseguir lo que queremos de Dios (si seguimos pensando que tal cosa es posible), y alteraría toda nuestra idea de lo que Dios quiere o necesita, exige o pide, requiere o solicita. Y *eso* cambiaría de un plumazo el comportamiento humano, hasta el punto de que a nuestra especie le costaría reconocerse a sí misma.

En pocas palabras, nos convertiríamos en una especie diferente, no solo en cuanto a nuestro comportamiento, sino también en cuanto a nuestros objetivos y metas, a nuestras mediciones del «éxito», a nuestras formas de «rezar» e interactuar con Dios, y a nuestras ideas sobre dónde y cómo encajamos en el esquema general de las cosas.

Entonces la mayoría de las personas (a diferencia de la ínfima minoría que ya ha iniciado este proceso) empezaría a buscar cómo redefinir a Dios y a revisar el enfoque que tenemos de las interacciones con la divinidad.

Quizá, puesto que este tipo de revisión masiva de una parte tan crítica de nuestra experiencia humana nos parece abrumadora, la mayoría de nosotros evitamos por completo esta nueva búsqueda y permanecemos «atascados» en el lugar de siempre en lo que respecta a nuestra comprensión de la Deidad.

Sea cual sea el motivo, cabe cuestionarse si nos estamos haciendo algún bien a nosotros mismos quedándonos con ideas sobre Dios que tienen miles de años.

El mensaje de Dios al mundo

Dios ha estado diciéndonos desde el principio, y cada día tenemos más claro, que **la Vieja Historia Cultural de la humanidad sobre Dios como un varón sobrehumano es simple y llanamente inexacta.**

Ahora está bien eliminar esta antigua enseñanza de nuestra historia actual y dejar de contárnosla a nosotros mismos y a nuestros hijos.

Obviamente (o quizá no tan obviamente, para algunos), Dios no es un Hombre Grande que está en el Cielo, se sienta en un trono y supervisa las innumerables acciones diarias de la humanidad, aprobando algunas y desaprobando otras; que escucha innumerables plegarias, concediendo algunas y negando otras; que juzga innumerables almas en el momento de la muerte, recompensando a unas y castigando a otras.

Dios no es hombre ni mujer, y tampoco tiene la apariencia, las cualidades y las inclinaciones de los seres humanos, aunque con características, poderes y capacidades sobrenaturales. Semejante idea de Dios es extremadamente simplista.

Entonces, ¿qué es Dios? Algunos dicen que es imposible saberlo. Eso no es cierto. A Dios se le *puede* conocer y se le puede experimentar. Dios se comunica directamente con nosotros, como han demostrado los fundadores de nuestras religiones, y nosotros nos podemos comunicar directamente con Dios, como declaran todas las religiones que creen en el poder de la oración.

> *A Dios* se le puede *conocer*
> *y a Dios se le puede experimentar.*

He aquí, pues, lo que Dios ha comunicado, y sigue comunicando, a la humanidad sobre la divinidad: Dios es una Esencia Esencial que lo impregna todo, la Fuente Primaria de inteligencia ilimitada y la Fuerza Primaria de la creación ilimitada.

Dios es a la vez El Creador y Lo Creado, una Energía Pura que impacta sobre Sí Misma. Es la Causa Primera. Es Cada Efecto. Es la sede de toda sabiduría, el manantial de todo deseo, la fuente de todo poder y el origen de toda realidad.

Es, en una sola palabra, Amor.

Su sabiduría es activa, Su deseo se cumple, Su poder se evidencia y Su realidad se manifiesta plena, grandiosa y gloriosamente a través de la *experiencia* y la *expresión* del Amor.

¿Tiene una personalidad esta Esencia Esencial que llamamos «Dios»?

Sí.

✳

La grandeza y la magnificencia de Dios reside en su ausencia de forma. Sin embargo, esto no significa que Dios no sea una «personalidad» a la que podemos rezar y con la que podemos interactuar. De hecho, significa exactamente lo contrario.

Es la esencial ausencia de forma de Dios la que Le permite asumir cualquier contorno en cualquier momento y cualquier forma que sirva a los fines del Amor.

Así, Dios puede asumir la energía de una figura paterna, la comodidad de una madre, la lealtad de un amigo, la compasión de un confesor, el coraje de un pacificador, la fuerza de un superviviente, la paciencia de un maestro, la camaradería de un compatriota, la intimidad de un amante y la constancia de un amado.

De este modo vemos que el hecho de que Dios no es un ser humano de grandes proporciones no significa que ya no tengamos a nadie a quien rezar, ante quien interceder o con quien establecer una relación personal. Todo lo contrario. Dios puede ser todas las cosas para todas las personas, y si queremos un Dios personal al que poder rezar, un Dios paternal al que poder pedir consejo o un Dios poderoso al que poder acudir, Dios puede desempeñar y desempeñará todos esos papeles para nosotros.

Dios es todas las cosas para todas las personas porque Dios *es* todas las cosas *en* todas las personas.

Dios es *la vida misma*, que es la expresión del Amor en forma física. Toda expresión de *vida* es una expresión de *Amor*. Puede que no parezca que es así a los ojos de la percepción limitada, pero esto es segura, profunda y eternamente cierto. (Examinaremos más detenidamente por qué y cómo esto puede ser cierto en el capítulo 25).

_10_

OTRO MALENTENDIDO SOBRE DIOS:
DIOS EXIGE OBEDIENCIA

Exploremos ahora el _carácter_ personal de esta Pura Energía llamada Dios, de esta Esencia Esencial que puede adoptar cualquier forma y personalidad, de esta Fuente de Inteligencia Suprema y Poder Absoluto.

Como hemos señalado, la inmensa mayoría de la población mundial cree que Dios existe. La cuestión es: ¿qué clase de Dios es este?

Gran parte del mundo cree en un Dios que es un super-ser masculino _que exige obediencia_.

También observamos que la inmensa mayoría de los que creen en Dios creen que Dios juzga, condena y castiga cuando no se cumplen sus exigencias.

Ahora viene el gran _¿Y si...?_

_¿Y si Dios no exige nada,
no juzga ni castiga nada?_

¿Cambiaría algo? ¿Importaría? En el esquema general de las cosas, ¿tendría algún impacto significativo en nuestra experiencia planetaria?

Sí. Se ha cometido más violencia, más brutalidad, más matanzas y se han combatido más guerras en nombre de Dios que bajo ninguna otra bandera. Si el mundo entero creyera que Dios no exige nada, no juzga nada y no castiga nada, se evaporaría la base espiritual de gran parte de la rígida rectitud que subyace, justifica y motiva los comportamientos más atroces y autodestructivos de la humanidad.

Además, si ahora se dijera que el juicio y el castigo no forman parte del Reino de Dios, los cimientos de todo el sistema legal humano se tambalearían hasta la médula, y muchas leyes de muchos de nuestros países tendrían que reescribirse o derogarse.

Asimismo, si abrazáramos la noción de que Dios no exige ni ordena nada, muchas de nuestras normas culturales, costumbres y prohibiciones se verían despojadas de su autoridad moral, y finalmente tendrían que ser abandonadas por carecer de base.

Esto queda ilustrado de manera óptima en el caso del matrimonio entre personas del mismo sexo. Igual que en su día los matrimonios fuera de la fe o de la raza de una persona se consideraron «contrarios a la Ley de Dios», y ahora se consideran expresiones de amor perfectamente aceptables (excepto en algunas sectas musulmanas y otras comunidades religiosas ultrafundamentalistas; recuerda el capítulo 6), en algún momento el matrimonio homosexual también llegará a ser aceptado de manera general y considerado totalmente apropiado entre personas que se aman profundamente. Esto ocurrirá cuando toda la humanidad abandone la idea de que una expresión de amor verdadero que se aparta de las normas sociales del pasado infringe de algún modo los mandamientos de Dios.

Si no *hay* mandamientos de Dios, entonces ya no podemos matar, castigar, juzgar, oprimir, dañar, restringir, limitar o perjudicar a los demás en nombre del Señor. Esto eliminaría una gran montaña de formas de justificar el enorme catálogo de crueldades y atrocidades humanas.

La pregunta es: ¿eliminaría también de la experiencia de la humanidad la brújula moral de la que ha dependido nuestra especie? ¿Cuál sería nuestra nueva brújula moral?

El mensaje de Dios al mundo

Dios nos ha estado diciendo desde el principio, y cada día lo tenemos más claro, que **la Antigua Historia Cultural de la humanidad sobre un Dios exigente y autoritario es, simple y llanamente, inexacta.**

Ahora es correcto eliminar esta antigua enseñanza de nuestra historia actual, y dejar de contárnosla a nosotros mismos y a nuestros hijos.

Dios no exige ni ordena nada. Esto se debe a que Dios no tiene *motivos* para exigir ni ordenar nada, porque Dios no necesita nada.

Dios no «necesita» ninguna experiencia —emocional, física o espiritual— puesto que Él mismo es la *fuente* de toda experiencia que pueda tener. ¿Cómo puede la fuente de algo necesitar esa misma cosa? ¿Cómo puede la Fuente de Todo necesitar algo? Y si la Fuente de Todo no necesita nada, ¿por qué iba a ordenar algo?

Ningún comportamiento nuestro, como obedecer a Dios, puede hacer que Dios tenga una experiencia que no podría tener sin que nosotros tuviéramos ese comportamiento. Dicho de otro modo, Dios no depende *de nosotros* para satisfacer sus necesidades inexistentes.

Por lo tanto, no hay razón para creer en un Dios al que le *desagrada* tanto la ausencia de un comportamiento concreto que nos castigará horrible y eternamente.

Dios es Amor, y este amor no conoce condiciones ni limitaciones. No se basa en recibir algo a cambio, y no se detiene porque Dios esté tan enfadado que dicte la condena eterna, por la sencilla razón de que Dios *nunca* está enfadado hasta el punto de decretar la condena eterna (nunca está enfadado en absoluto).

Hay quien dice que Dios exige u ordena cosas no porque necesite algo, sino porque *nosotros* necesitamos algo. Concretamente, necesitamos instrucciones, indicaciones, requisitos y mandamientos para no desbocarnos y para que nuestra vida funcione.

Este punto de vista sostiene que, sin mandamientos ni instrucciones, no sabríamos cómo comportarnos —y no estaríamos dispuestos o no *seríamos capaces* de comportarnos de formas que nos permitieran seguir sobreviviendo— debido a nuestra propia naturaleza.

Algunos dicen que la «naturaleza humana» lleva a comportarse de forma irresponsable e incontrolable, egoísta e incluso violenta, y que solo las exigencias y restricciones de Dios —y la amenaza del castigo divino si no las cumplimos— evitan que seamos totalmente egocéntricos, egoístas y autodestructivos.

Siguiendo con el ejemplo, el castigo se ha convertido en la razón de ser de todas las leyes civiles y normas gubernamentales que restringen y gobiernan el comportamiento de las personas: desde los semáforos y los límites de velocidad que hay que obedecer, hasta las normas que hay que seguir en el etiquetado de los productos, pasando por las regulaciones sanitarias que hay que mantener y las normas laborales que hay que cumplir.

Según la sabiduría convencional, si no se impusieran estas y otras normas de comportamiento, todo el mundo haría lo que le diera la gana, nadie estaría protegido y la gente sería víctima por doquier de los descuidados o de las personas sin escrúpulos.

Sin embargo, ¿somos los humanos incapaces de autorregularnos?

La respuesta es no.

Todos los seres humanos tenemos la capacidad innata de gobernar nuestros comportamientos y de ajustarlos hasta el punto de que no perjudiquen a nadie, produciendo al mismo tiempo los máximos resultados positivos para cada individuo y el máximo beneficio para la colectividad. Lo único que tenemos que hacer es decidir *utilizar* esa capacidad innata. Paradójicamente, lo que enciende el deseo de hacerlo es la *ausencia* de normas y reglamentaciones... de Dios o de cualquiera.

Dios entiende esto. Por eso, el don supremo que Dios ha dado a la humanidad es el libre albedrío. *La libertad* es la naturaleza fundamental de la divinidad. Y Dios sabe que la humanidad siempre actuará a favor de sus óptimos intereses una vez que hayan quedado claros.

Si quieres un ejemplo maravilloso de esto, observa a la gente cuando gira alrededor de la rotonda del *Arco del Triunfo* en París, en la que no hay carriles marcados, ni semáforos, ni señales que indiquen quién va primero, ni policías que dirijan el interminable y rápido flujo de vehículos.

Miles de personas circulan a diario alrededor de ese monumento en un apresurado torbellino de vehículos metálicos sobre neumáticos, sin que ninguna ley o reglamento les obligue a ceder el paso, a detenerse antes de chocar con los demás o a avanzar cuando los otros se han detenido. Lo hacen automáticamente.

Cuando sabes bien lo que intentas hacer, la acción preferible y beneficiosa que has de emprender se hace evidente al instante, y está muy clara para ti. Por eso hay menos accidentes de tráfico en esa rotonda que en los Campos Elíseos, a cien metros de distancia, donde abundan los semáforos, los carriles están claramente marcados y la forma de proceder está guiada por normas y reglamentos.

*

La humanidad no puede tener claro cuáles son sus intereses a escala global hasta que no tenga claro lo que intenta hacer a esa misma escala. Y es aquí donde nos hemos quedado cortos. No hemos llegado a una claridad total ni a un acuerdo mutuo sobre lo que «pretendemos» hacer durante nuestro tiempo en la Tierra. Una vez que lo hagamos, nuestros comportamientos se modificarán y autorregularán de forma que produzcan la máxima eficacia.

Una especie altamente evolucionada es la que ha llegado a un entendimiento colectivo sobre lo que más le interesa, basado en una conciencia compartida de lo que pretende conseguir y experimentar.

Dado que aún no nos encontramos en esa fase de desarrollo de la evolución humana, actualmente la pregunta apremiante es: ¿qué podría llevarnos allí?

La respuesta es: abandonar la Vieja Historia Cultural sobre quiénes somos y por qué estamos vivos; sobre el propósito y el proceso de la vida; sobre la naturaleza y el deseo de Dios.

En *Las nuevas revelaciones,* Dios nos dijo que para llegar a *ese* lugar necesitamos tener la valentía de dar cinco pasos enormes:

Primer paso:
Reconocer que algunas
de nuestras viejas creencias sobre Dios
y sobre la vida ya no funcionan.

Segundo paso:
Reconocer que hay algo
que no comprendemos
sobre Dios y sobre la Vida,
y que comprenderlo
lo cambiará todo.

Tercer paso:
Estar dispuestos a que ahora surja
una nueva comprensión sobre Dios y sobre la Vida,
una comprensión que podría producir
una nueva forma de vivir en este planeta.

Cuarto paso:
Tener la valentía suficiente para explorar
y examinar esta nueva comprensión
y, si se alinea con nuestra verdad
y conocimiento internos, ampliar nuestro
sistema de creencias para incluirla.

Quinto paso:
Elegir vivir nuestras vidas como
una demostración de nuestras creencias
más elevadas y grandiosas, en lugar de
como una negación de ellas.

✳

Un *enorme* cambio en el pensamiento de la humanidad —quizás la mayor invitación jamás hecha *por* la vida *a* la vida— consistiría en aceptar, abrazar y adoptar la siguiente afirmación espiritualmente revolucionaria:

*En todo el Universo
no puede ocurrir nada
que viole la Voluntad de Dios.*

Toda la teología humana, prácticamente cada principio de cada religión que existe hoy sobre la faz de la tierra, está arraigado y construido exactamente sobre el pensamiento opuesto. Según dicen nuestras religiones, *es posible* violar la voluntad de Dios. Este es el fundamento de todas las doctrinas religiosas sobre el juicio, la condena y el castigo.

Sin embargo, violar la voluntad de Dios es totalmente imposible, a menos que en el universo exista algo más poderoso que Dios, algo que pueda *anular* Su voluntad. Pero no existe nada de ese tipo, pues Dios es el Todo En Todo, el Alfa y el Omega, el Principio y el Fin, la Suma Total de Todas las cosas.

Por tanto, si sucede algo, sucede porque Dios no ha impedido que suceda. Y si Dios no ha impedido que algo suceda, ¿cómo se puede decir que sucede contra Su voluntad?

Los que dicen que Dios *permite* que se frustre su voluntad, y por tanto es posible que la gente viole la voluntad de Dios, se han quedado ciegos a una lógica sencilla: si Dios *permite* algo, entonces no va contra Su voluntad.

No podrías levantar el dedo meñique si Dios no quisiera que lo hicieras. Por tanto, todo lo que ocurre, ocurre porque Dios lo permite, de otro modo no ocurriría ni *podría* ocurrir.

Así pues, la cuestión teológica no es si Dios permite —y, por tanto, pone su voluntad en— que ocurra lo que ocurre, *sino por qué Dios lo permite*.

La respuesta es que el mayor deseo de Dios es que ese aspecto fundamental de la divinidad del que acabamos de hablar —la libertad— se exprese a cada momento en cada una de sus manifestaciones. Y puesto que Dios no puede ser herido o dañado de ninguna manera, por nada en absoluto, no tiene razón alguna para poner restricciones a la libertad de cualquiera de Sus creaciones o criaturas.

Dios tampoco tiene motivos para juzgar, condenar y castigar a nadie que *haga uso de* esa libertad. De hecho, hacerlo sería cambiar la propia definición de libertad, de modo que entonces significaría: «La capacidad de hacer lo que te dicen o sufrir las consecuencias».

Pero la libertad no es eso. Eso no es *libertad* en absoluto. La libertad es Amor demostrado; es Amor en acción. Cualquier tipo de restricción no es Amor en acción, porque la restricción es limitación y el Amor no conoce tal cosa.

El Amor total y la Libertad absoluta son sinónimos, y producen el concepto teológico conocido como libre albedrío.

Dios ha dado este don a todas sus criaturas para poder darse a Sí mismo el regalo de experimentar totalmente la maravilla y la gloria de lo que Él Es. Sin embargo, es evidente que el libre albedrío *no* es libre albedrío si al usarlo de una manera particular produce una tortura indescriptible y eterna en los fuegos del infierno. Usar de esa forma el mayor don que Dios ha dado a la humanidad sería como burlarse del don y del Dador.

Asimismo, el libre albedrío no significa nada en un entorno en el que no hay *elección.* Para que Dios experimente Su plena maravilla y gloria, debe existir lo que no se considera plenamente maravilloso o glorioso en términos humanos junto a lo que sí lo es, a fin de producir un *contexto* en el que la maravilla y la gloria puedan no solo conocerse, sino expresarse y experimentarse. Así pues, el universo físico ha sido creado como un Campo Contextual dentro del cual es posible elegir.

Otra forma de decir esto es que el Campo Contextual que es nuestro universo existe de esta manera porque en ausencia de Eso Que No Es, Eso Que Es *no es.*

Es decir, *no puede ser experimentado*.

En ausencia de oscuridad, no es posible experimentar la luz. En ausencia de lo pequeño, no es posible experimentar lo grande. En ausencia del allá, no es posible experimentar el aquí. En ausencia de lo lento, no puede experimentarse lo rápido. Nada puede experimentarse en ausencia de un elemento de contraste. Puede conocerse teóricamente, pero no puede expresarse experimentalmente.

Por lo tanto, Dios ha creado un universo en el que la divinidad tiene lo que *parecen* ser opuestos exactos, o dualidades, pero no lo son.

Utilizando un ejemplo de nuestra realidad física, a menudo etiquetamos las cosas como «calientes» o «frías». Caliente y frío parecen extremos opuestos de una polaridad, pero no lo son. Son *grados* de la *misma cosa*, llamada temperatura. No hay «dualidad» en la temperatura, solo hay Una Cosa, que se expresa de diversas maneras.

De igual modo, todas las manifestaciones de la vida son expresiones que demuestran grados, o variaciones, de la única cosa llamada divinidad.

Y así, Dios ha invitado a las individuaciones humanas de la divinidad a no juzgar ni condenar lo que parece oponerse a ellas, sino a que lo vean como otro aspecto del Ser que les brinda la oportunidad de ser una luz en las tinieblas. Así, dichas individuaciones pueden saber Quiénes Son Realmente, para que todos aquellos cuyas vidas tocan también puedan saber Quiénes son realmente, a la luz de su ejemplo.

Por tanto, que nuestro libre albedrío elija cualquier pensamiento, palabra u obra no tiene por qué ser una demostración de obediencia, sino la aceptación de la invitación de Dios a demostrar de la mejor manera la idea más elevada que uno tiene de sí mismo. Al comprender esto, lo que antes considerábamos una *carga* puede convertirse en una *alegría*.

La vida se convierte en una experiencia de exaltación cuando uno se da cuenta, por último y al fin, de que Dios no exige nuestro temor ni nuestra obediencia.

11

OTRO MALENTENDIDO SOBRE DIOS: *DIOS NOS VE COMO IMPERFECTOS, Y NO PODEMOS VOLVER A ÉL EN UN ESTADO IMPERFECTO*

Gran parte del mundo cree en Dios como si fuera un súper-ser masculino que exige obediencia, y *que nos ve como imperfectos porque no hemos sido obedientes.*

Hay quien llega a decir que *nacimos* imperfectos porque los *primeros* humanos no obedecieron a Dios.

A lo largo de los siglos, dos de las tres religiones más grandes del mundo —el cristianismo y el judaísmo— han enseñado diversas doctrinas a sus seguidores que declaran que todas las almas humanas están sujetas a la muerte como castigo por el pecado «ancestral», «heredado» u «original» de los primeros humanos.

El judaísmo moderno (a diferencia de los maestros judíos de la época talmúdica) rara vez enseña sobre el pecado original, pero gran parte del cristianismo moderno sigue haciéndolo a día de hoy.

Además, tanto el cristianismo como el judaísmo enseñan que ahora los seres humanos somos imperfectos, independientemente de que hayamos nacido así. Las enseñanzas judías modernas subrayan que esto se debe a que elegimos pecar a lo largo de la vida, no a que nacemos en pecado. Sin embargo, gran parte de la enseñanza cristiana sigue sosteniendo que nuestra alma entra en este mundo en estado de imperfección, un estado innato que crea en nosotros la tendencia continuada a pecar a lo largo de la vida.

También forma parte de esta idea la noción, que algunos apoyan, conocida como *traducianismo*, que declara que Dios solo creó un alma original: Adán (se dice que Dios formó a Eva a partir de una costilla de Adán). Todas las demás almas derivan sus cualidades y tendencias básicas de sus padres y de los antepasados que les precedieron, mediante un proceso por el cual las cualidades se transmiten de un alma a la siguiente, de generación en generación.

¿Cómo surgió originalmente esta imperfección, que según algunos es «heredada»? Existen diversas versiones de la historia, pero, a grandes rasgos, es esta:

A los primeros humanos, Adán y Eva, se les dio total libertad y tenían todas sus necesidades terrenales cubiertas en el Jardín del Edén. Dios solo les pidió una cosa: «No comáis del fruto del Árbol del Conocimiento del Bien y del Mal». Lo hicieron. Eva tomó una manzana y la compartió con Adán. El resto, como suele decirse, es historia.

Los dos fueron expulsados del paraíso por un Dios furioso, que se dice que maldijo a sus hijos, a los hijos de sus hijos y a los hijos de los hijos de sus hijos, hasta el fin de los tiempos. Se dice que Dios maldijo a toda su progenie con la imperfección hereditaria y la muerte física, dos condiciones que no formaban parte de la realidad de Adán y Eva en el paraíso.

Así pues, la imperfección y la muerte pasaron a formar parte de la naturaleza misma del ser humano.

✳

Ahora viene el gran *¿Y si...?*

¿Y si Dios nunca hubiera maldecido a nadie?
¿Y si nadie nace en pecado?
¿Y si Dios nunca ha visto, ni ve ahora,
a ningún ser humano como imperfecto en modo alguno?

¿Habría alguna diferencia? ¿Importaría? En el gran esquema de las cosas, ¿tendría esto alguna repercusión significativa en nuestra experiencia planetaria?

Sí. Por supuesto que sí. Lo primero que haría sería aliviar a las personas de cualquier ansiedad que pudieran tener con respecto a la muerte y a que les pueda ocurrir algo «malo» después de abandonar el cuerpo.

En realidad, los humanos no tendrían ninguna preocupación si no se les hubiera dicho que Dios exige que solo se admita la perfección en el cielo. Pero la mayoría de las religiones han dejado muy claro que este requisito existe, y que no hay forma de eludirlo.

La Biblia, por ejemplo, nos dice directa e inequívocamente que la norma de Dios para permitirnos unirnos a Él en el cielo es la perfección. Y también nos dice en Romanos 3:23 que *ningún ser humano puede cumplir esa norma*. Afirma que «todos han pecado y se quedan cortos a la hora de alcanzar la gloria de Dios».

Sin embargo, aunque no hayamos cometido ni un solo pecado en toda nuestra vida, existe esa pesadilla, *el traducianismo*. Tenemos que lidiar con nuestra imperfección *heredada*.

Y como hemos señalado antes, nuestras creencias nos dicen que aquí Dios no tiene margen de maniobra. La Ley es la

Ley. El Salmo 23 dice: «Ciertamente el bien y la misericordia me seguirán todos los días de mi vida», pero, presumiblemente, eso no es aplicable después de la muerte. Después del tránsito, aparentemente, la misericordia no tiene cabida. Dios no tiene más remedio que negar el acceso inmediato al cielo a toda alma imperfecta. Y puesto que ningún alma existe en estado de perfección, eso significa, según algunas doctrinas, que inicialmente a todas las almas se les niega el acceso.

Sin embargo, esto no significa que *nunca* lleguen al cielo. Anteriormente hemos descrito un lugar llamado Purgatorio, donde se dice que se envía a las almas antes de entrar en el cielo para que sean purificadas mediante la erradicación de sus pecados a través de un proceso de sufrimiento como pago por ellos.

Aquí debe quedar claro que no todas las religiones del mundo enseñan que es necesario que el alma sufra para compensar las ofensas. Muchas enseñan que Dios nos admite en el cielo de inmediato si nos arrepentimos sinceramente de nuestros pecados. Pero si no lo hacemos...

Así que el pronunciamiento general es este: somos seres imperfectos. Debemos presentarnos ante el trono de Dios temblando y avergonzados, con la esperanza de que nuestras imperfecciones y transgresiones sean perdonadas. Si no hacemos lo necesario, ahora o en el más allá, para purificar nuestras almas y devolverlas a la perfección (como someternos a un sufrimiento abyecto en el Purgatorio en pago de nuestros pecados), no volveremos a Casa. Así de sencillo.

Ahora bien, si el enorme número de personas (estamos hablando de miles de millones) que creen esto modificara su creencia, el miedo, la vergüenza y la culpa desaparecerían de los corazones tanto de los niños inocentes como de los adultos tristes, que llevan como una carga su identidad por no ser merecedores de reunirse con Dios en el cielo.

Y si la tercera pregunta del «y si» anterior se aceptara como la realidad de la humanidad, la falta de autoestima que ahora fomenta gran parte de los comportamientos disfuncionales, autodestructivos e hirientes de nuestra especie quedaría por fin sanada. Está claro que esto haría desaparecer gran parte de esos comportamientos.

El mensaje de Dios al mundo

Dios nos ha estado diciendo desde el principio, y cada día lo tenemos más claro, que **la vieja historia cultural de la humanidad, según la cual Dios nos considera imperfectos y, por tanto, no nos permite volver al cielo hasta que nos hayamos purificado, es simple y llanamente inexacta.**

Ahora está bien eliminar esta antigua enseñanza de nuestra historia actual, y dejar de contárnosla a nosotros mismos y a nuestros hijos.

No nacemos en pecado, ni heredamos tendencias pecaminosas a través de un linaje de almas que se remonta a un supuesto Primer Malhechor. La «culpa ancestral» es producto de nuestra imaginación religiosa. La historia de Adán y Eva también es ficticia.

Dios no expulsó a nadie del paraíso, y una mirada al mundo que te rodea te mostrará que los seres humanos siguen viviendo en un paraíso. Lo están expoliando paso a paso, sin duda, pero aun así, nada es comparable a un amanecer o a una puesta de sol, al planeo de un águila o al aleteo de una mariposa, a la fragancia de una rosa o al olor del rocío matutino. No hay nada más asombroso que la belleza silenciosa de una nevada inesperada, o la belleza ruidosa de las olas golpeando una playa arenosa. Contemplamos ambas cosas con asombro, como debe ser, pues tenemos claro que estamos viendo algo que excede la magnificencia.

Y eso solo es el principio, solo es la cumbre de una larga lista de tesoros que este paraíso llamado tierra guardará, siempre que los conservemos *como* tesoros, manteniéndolos a salvo del desmantelamiento y la destrucción.

Tu belleza realza la belleza de este mundo más allá de toda medida. *No hay nada* imperfecto en ti. Nada de lo que has pensado, nada de lo que has dicho, nada de lo que has hecho. Todo es perfecto porque todo forma parte del proceso de tu evolución personal y, en una escala mayor, de la evolución de la especie humana.

Asimismo todos los experimentos «fallidos» de todos los científicos en todos los laboratorios del mundo son perfectos, en el sentido de que son pasos que conducen a un resultado final importante y altamente beneficioso... De igual manera, los errores matemáticos y ortográficos de todos los niños en todas las escuelas del mundo son perfectos, en el sentido de que son pasos que conducen a mejorar sus calificaciones... También los «errores» del conjunto de la humanidad se consideran perfectos a los ojos de Dios: son los pasos del proceso evolutivo de la *totalidad de la vida por doquier*.

Todo lo que han pensado, dicho o hecho todos y cada uno de los seres humanos —incluso lo peor— ha sido producto de la inocencia de una especie tan joven que sus miembros no conocían nada mejor. No entendían cómo conseguir lo que anhelaban ni cómo escapar o eludir lo que deseaban evitar.

Esto es difícil de aceptar para mucha gente. La idea de que seres humanos plenamente maduros hayan hecho ciertas cosas, de que algunos de nosotros hayamos actuado de esta manera debido a una inmadurez extrema, pone en cuestión nuestra creencia de que, seguramente, los hombres y mujeres maduros saben distinguir lo que está bien de lo que está mal, y no necesitan que se les diga que matar a otros y destruir todo lo que encuentran a su paso no es la manera de conseguir sus objetivos, *cualesquiera* que sean.

Decimos que la gente debería saber hacer las cosas mejor porque nos gusta pensar que los humanos estamos muy evolucionados. De hecho, la humanidad acaba de salir de la infancia.

En su libro *New World New Mind,* Robert Ornstein y Paul Ehrlich pusieron esto en perspectiva en un párrafo asombroso:

Supongamos que la historia de la Tierra se representara en un calendario de un solo año, en el que la medianoche del 1 de enero representa el origen de la Tierra, y la medianoche del 31 de diciembre el presente. Entonces, cada día del «año» terrestre representaría 12 millones de años de historia real. En esta escala, la primera forma de vida, una simple bacteria, surgiría en algún momento de febrero. Sin embargo, las formas de vida más complejas aparecen mucho más tarde; los primeros peces aparecen hacia el 20 de noviembre. Los dinosaurios llegan hacia el 10 de diciembre y desaparecen el día de Navidad. El primero de nuestros antepasados reconocibles como humanos no aparecería hasta la *tarde del 31 de diciembre.* El *homo sapiens* —nuestra especie— surgiría hacia las 23.45 y *todo lo que ha sucedido en la historia documentada* ocurriría en *el último minuto del año.*

*

Como puedes ver, somos una especie asombrosamente joven y, como es lógico, muy inmadura.

Y así, hemos empleado la violencia para conseguir resultados que estábamos seguros de que justificaban su uso (aunque supusiera la muerte de millones de hombres, mujeres y niños inocentes).

Hemos utilizado la dominación —a veces una dominación cruel e implacable— para generar resultados que estábamos seguros que era deseable experimentar (aunque sometieran a toda la población de un país o de una zona a una represión, persecución y maltrato despiadados).

Hemos utilizado el interés propio —a veces un interés propio sin límites y desenfrenado— para generar un nivel de suficiencia para nosotros mismos que estábamos seguros de merecer (aunque millones de otras personas tengan que sobrevivir sin nada, dado el modelo económico global que hemos potenciado).

Así, hemos utilizado la santurronería —a veces una santurronería espantosa y execrable— para generar una sensación de autoestima que estábamos seguros de merecer (mientras decíamos a los demás que eran indignos y que Dios iba a condenarlos al infierno).

※

Dios ve estos comportamientos infantiles, casi de niños pequeños, como las rabietas incontroladas e irracionales de una especie no iluminada, una raza de seres sensibles en las etapas primitivas, primigenias, primordiales de su proceso de maduración.

En pocas palabras, la Divinidad comprende perfectamente bien la naturaleza del ser humano. Del mismo modo que comprendemos que un niño de tres años puede volcar el vaso de leche para alcanzar un pastel de chocolate porque lo desea con todas sus fuerzas, Dios comprende perfectamente que podamos actuar como algunos de nosotros hemos actuado para alcanzar lo que tanto deseábamos.

Los humanos dados a juzgar podrían considerar el deseo de algunas cosas «malo» en sí mismo, del mismo modo que el hecho de que un niño desee más tarta que su hermana pequeña podría considerarse «malo». En nuestro sistema de valores humanos, él no debería querer más que los demás. Y desde luego se le consideraría «malo» por intentar conseguirlo mediante la intimidación. Sin embargo, el padre sabio comprende el deseo aún inmaduro del hermano mayor, y no le envía a su habitación para el resto de su infancia.

Dios nos ve como nosotros vemos a nuestros hijos: en proceso de maduración, pero sin embargo enteros, completos y perfectos tal como somos ahora. No hay nada que tengamos que ser, nada que tengamos que decir ni hacer para ganarnos el amor de nuestro Creador, que nos adora incluso cuando nos portamos mal. No hay credenciales que debamos adquirir a fin de estar cualificados para volver al cielo. Nuestra credencial es nuestra *existencia*. No se necesita nada más.

Este mensaje es lo bastante importante como para repetirlo.

No hay credenciales
que debamos adquirir a fin de
estar cualificados para volver al cielo.
Nuestra credencial es nuestra existencia.
No hace falta nada más.

✳

Esto es difícil de creer y difícil de aceptar para una raza de seres condicionados a imaginar que la justicia perfecta requiere condenas y castigos, incluyendo, en algunos casos, la muerte.

Debes recordar que los seres humanos tienen una comprensión tan infantil que afirman que el estado ha de asesinar a ciertas personas para enseñar a la gente en general que matar a otros es malo.

Debes recordar que los seres humanos tienen una comprensión tan infantil que afirman que un país ha de decretar un ataque preventivo con armas de destrucción masiva para enseñar a otros países que tener armas de destrucción masiva es malo.

Debes recordar que los seres humanos tienen una comprensión tan infantil que afirman que la adhesión estricta a una religión que enseña intolerancia hacia cualquier otra es la forma de enseñar al mundo que la intolerancia es mala.

※

Un Dios de Amor Incondicional es totalmente incomprensible para una especie que aún no ha aprendido a amarse a sí misma lo suficiente como para dejar de destruirse.

No podemos creer que Dios nos perdone lo que no podemos perdonarnos unos a otros.

No obstante, es cierto que incluso si hemos hecho cosas que nosotros mismos consideramos —u otros consideran— verdaderamente horribles durante nuestro tiempo en la Tierra..., incluso entonces, Dios nos acogerá de nuevo en el Hogar.

Hay una serie de razones muy buenas para que esto sea así, y las examinaremos en los próximos capítulos, cuando sigamos explorando los malentendidos de la humanidad sobre Dios. Por ahora, por favor lee esta parábola de Jesús.

Sé que probablemente estás muy familiarizado con esta historia, pero léela de todos modos.

Cierto hombre tenía dos hijos. El menor de ellos le dijo a su padre: «Padre, dame la parte de los bienes que me corresponde». Así que el hombre repartió su herencia entre los dos hijos.

No muchos días después, el hijo menor reunió todas sus cosas, viajó a un país lejano y allí malgastó sus bienes en una vida pródiga. Cuando lo hubo gastado todo, sobrevino una gran hambruna en aquel país y empezó a pasar necesidad.

Entonces fue y encontró trabajo con un ciudadano de aquel país, y el hombre lo envió a los campos a apacentar cerdos. Y de buena gana se habría llenado el estómago con las vainas que comían los cerdos, pero nadie le dio nada.

Entonces volvió en sí, pensando: «¡Cuántos jornaleros de mi padre tienen pan suficiente y de sobra, y yo perezco de hambre! Me levantaré, iré a ver a mi padre y le diré: 'Padre, he pecado contra el cielo y ante ti, y ya no soy digno de ser llamado hijo tuyo. Hazme como a uno de tus jornaleros'».

Y, levantándose, fue a ver a su padre. Pero cuando aún estaba muy lejos, su padre le vio y sintiendo compasión, corrió, se echó a su cuello y le besó. Y el hijo le dijo: «Padre, he pecado contra el cielo y ante tus ojos, y ya no soy digno de llamarme hijo tuyo».

Pero el padre dijo a sus siervos: «Sacad el mejor vestido y ponédselo, y ponedle un anillo en la mano y sandalias en los pies. Y traed aquí el ternero cebado y matadlo. Comamos y alegrémonos, porque este hijo mío estaba muerto y ha vuelto a la vida; se había perdido y ha sido hallado». Y empezaron a alegrarse.

El hijo mayor estaba trabajando en el campo. Cuando se acercó a la casa, oyó música y danzas. Llamó a uno de los criados y le preguntó qué significaba aquello.

El criado le dijo: «Tu hermano ha vuelto a casa, y como está sano y salvo, tu padre ha matado el ternero cebado».

El segundo hijo se enfadó y no quería entrar. Entonces salió su padre y le suplicó. El hijo mayor respondió a su padre diciendo: «Todos estos años llevo sirviéndote; nunca he transgredido tu mandamiento en ningún momento y, sin embargo, nunca me has dado ni siquiera un cabrito para que me divierta con mis amigos. Pero en cuanto vino este hijo tuyo, que ha devorado tu sustento con rameras, has matado para él el ternero cebado».

Su padre le dijo: «Hijo, tú estás siempre conmigo y todo lo que tengo es tuyo. Es justo que nos alegremos y nos regocijemos, porque tu hermano estaba muerto y ha vuelto a la vida, se había perdido y ha sido hallado».

Para mí, esta es la historia más importante de la Biblia. Dice todo lo importante que Jesús quería que supiéramos sobre Dios. Pero Jesús sabía que la gente rara vez entendía, y mucho menos adoptaba, las verdades realmente profundas si solo las había oído una vez. Así que repitió lo mismo una y otra vez, diciendo cosas como...

¿Qué hombre de entre vosotros, teniendo cien ovejas, si pierde una de ellas, no deja las noventa y nueve en la espesura, y va tras la que se perdió hasta que la encuentra? Y cuando vuelve a casa, reúne a *sus* amigos y vecinos diciéndoles: «Alegraos conmigo, porque he encontrado a mi oveja que se había perdido».

¿Incluye esto a los peores de nosotros? ¿A las «ovejas negras» de nuestra familia humana?

Sí.

Por eso podemos estar tranquilos. No seremos abandonados por habernos perdido, y no seremos rechazados cuando por fin volvamos al Hogar, sin importar lo que hayamos hecho mientras estábamos fuera.

En el capítulo 22 tengo una gran sorpresa para ti. Te aclararé todo esto en trece palabras. Pero no te adelantes. Los capítulos que hay entre aquí y allí pondrán esas asombrosas trece palabras en contexto. Significarán mucho más para ti si «lees tu camino» hacia ellas en lugar de «saltar» hasta ellas.

※

Las parábolas y las historias son una forma de transmitir una idea. La poesía es otra. Elude la mente y se filtra hasta el corazón. He incluido el siguiente poema en otros de mis libros, y vuelvo a incluirlo aquí porque, al igual que la parábola anterior, un mensaje maravillosamente elaborado no puede escucharse con demasiada frecuencia.

Tengo la suerte de estar casado con la poetisa estadounidense Em Claire. Esta es su ofrenda:

LARGO TIEMPO EN EL MAR
Hace ya tanto tiempo que dejé mi hogar
que no reconocería mi propio rostro.
Construí el Barco de mi Vida
y partí
a mar abierto
saludando a todos los que sabían
que los mares me darían
todo lo que podía manejar,
y todo lo que no podía;
y aun así me saludaron, y salí
a mar abierto
en el Barco de Mi Vida:
construido desde el Alma, elaborado por el Corazón.
Y con gran inocencia me lancé

a mar abierto
y he estado lejos de mi Hogar
tanto tiempo que no reconocería mi propio rostro,
pero conozco ese Hogar,
el Hogar
me recuerda.

(Del libro y CD Home Remembers Me,
disponible en www.EmClairePoet.com)

12

OTRO MALENTENDIDO SOBRE DIOS: *DIOS EXIGE QUE CREAMOS EN ÉL Y QUE LE ADOREMOS DE UNA FORMA ESPECÍFICA*

Gran parte del mundo cree en un Dios que es un súper-ser masculino que exige obediencia, que nos considera imperfectos porque *no* hemos sido obedientes, y que nos dice que, para estar en gracia de Dios (y, por tanto, para que podamos ser admitidos en el cielo), *debemos cumplir ciertos requisitos.*

Entre esos requisitos está creer en Dios de una manera determinada y que Le adoremos de una forma particular.

En resumen, debemos pertenecer a una religión específica o, al menos, ser fieles a sus principios.

Incluso el pensamiento de que *tenemos* que estar a bien con Dios surge de la idea que hemos explorado antes: solo la pureza absoluta y la perfección total están permitidas o presentes en el cielo, y probablemente esto no nos describe a nosotros, así que más nos vale hacer algo al respecto.

Este pensamiento, a su vez, surge de otro pensamiento que hemos explorado antes: que entramos en este mundo en un *estado* de impureza, marcados al nacer con el Pecado Original, la Imperfección Heredada, o una Culpa Ancestral, y que, en cualquier caso, todos hemos ofendido a Dios con nuestros propios pecados a lo largo de nuestra vida.

Este pensamiento surge de la creencia profundamente arraigada de que *podemos* pecar y de que Dios *puede* ser ofendido.

De estas nociones fusionadas nace, en el corazón de muchas personas, la profunda preocupación de que ahora *no* estamos en gracia de Dios. Por eso buscamos, individual y colectivamente, formas de *estar* en gracia de Dios antes de que sea demasiado tarde.

La popularidad de las religiones se basa en este anhelo y en que prometen que pueden producir este resultado.

Las religiones, se nos dice, son nuestros pasaportes al cielo. Lo único que tenemos que hacer es seguir sus mandatos, vivir según sus directrices, obedecer sus normas y responder afirmativamente a sus dictados.

Hay algo que aumenta drásticamente lo que nos jugamos en todo esto, y es la afirmación de algunas confesiones de que su religión ofrece la *única* forma de alcanzar lo que llaman «salvación».

Nos dicen que si no creemos en lo que *ellos* enseñan, si no abrazamos *su* doctrina, si no aceptamos *su* canon, creencias y credo como la verdad, toda la verdad y nada más que la verdad, Dios nos condena a la perdición eterna.

No hay duda entre los fieles de esas confesiones: *debemos* creer en Dios y adorarle de una forma determinada y particular, o nuestra alma eterna estará condenada para siempre.

✳

Ahora viene el gran *¿Y si..?*

*¿Y si Dios no necesita ser adorado,
y no necesita que los humanos creamos
en Él de una manera determinada? ¿Y si Dios no necesita
en absoluto que los seres humanos crean en Él?*

¿Marcaría la diferencia? ¿Importaría? En el esquema general de las cosas, ¿tendría alguna repercusión significativa en nuestra experiencia planetaria?

Sí, claro que sí. Si abandonáramos la idea de que solo hay una forma de adorar a Dios y llegar al cielo, la arrogancia espiritual que parece estar tan arraigada en la experiencia humana de Dios prácticamente desaparecería. Y en ausencia de ese fariseísmo, todas las guerras religiosas y luchas interconfesionales, las matanzas despiadadas y sin sentido que han ensuciado las páginas de la historia humana durante milenios, también acabarían desapareciendo.

Si sintiéramos que ni siquiera tenemos que *creer* en Dios para que Él nos acoja de nuevo en el Hogar, podríamos adoptar cualquier creencia sobre Dios que pudiéramos desarrollar —si, de hecho, decidiéramos abrazar tal creencia— y hacerlo como una expresión de pura alegría y absoluto asombro, en lugar de como consecuencia de la angustia o como producto de la inquietud. La pérdida del miedo a lo que ocurrirá si no creemos en Dios supondría el fin de todas las religiones basadas en el miedo.

De hecho, al eliminarse de nuestra experiencia de Dios la amenaza de «ámame o de lo contrario...», nuestra relación con lo Divino cambiaría radicalmente, y entraríamos en una auténtica amistad con Dios, en la que el empoderamiento sustituiría nuestro temblor preocupado.

※

A otro nivel, si pensáramos que Dios no necesita que le adoremos, nuestra especie dejaría de ver la idea de «adoración» como algo bueno, y la vería como el tipo de actividad humana subyugante que niega nuestra propia magnificencia divinamente otorgada, por no hablar de nuestra propia *presencia* en aquello que decimos adorar.

Esta elevación del ser humano a su legítimo lugar de asombrosa *inclusión* en la expresión que es Dios, remodelaría la identidad básica de la humanidad, alterando la comprensión y la expresión que nuestra especie tiene de *sí misma.* Y lo haría de un modo tan completo que eliminaría para siempre el comportamiento egoísta, hiriente, malicioso o malévolo de la experiencia humana. De repente sabríamos quiénes somos realmente, y quiénes son los demás, y nos trataríamos a nosotros mismos y a los demás de forma muy diferente.

De hecho, esto es lo que ha ocurrido en las civilizaciones de todos los seres altamente evolucionados del universo. El efecto que tal cambio de creencias tendría en el planeta sería el de, por fin, *civilizar* la civilización.

El mensaje de Dios al mundo

Dios nos ha estado diciendo desde el principio, y cada día lo tenemos más claro, que **la Vieja Historia Cultural de la humanidad sobre Dios, que exige que adoremos, creamos y nos acerquemos a Dios de una forma particular y determinada, es simple y llanamente inexacta.**

Ahora está bien eliminar esta antigua enseñanza de nuestra historia actual, y dejar de contárnosla a nosotros mismos y a nuestros hijos.

A Dios no le importa a qué religión pertenezcamos (o si pertenecemos a alguna). Las religiones son convenciones e inventos humanos.

A Dios no le importa lo que creamos sobre Él (o si creemos en Dios en absoluto). Las creencias son invenciones y convenciones de la humanidad.

Dios no espera que le proporcionemos algo que necesita (porque Dios no necesita nada en absoluto). Las necesidades son invenciones y convenciones de la humanidad.

La necesidad de ser adorado (por no hablar del *mandato* de ser amado) solo podría ser la característica de un gobernante inseguro, insatisfecho, imperioso y tiránico, lo cual no puede describir al Dios de este universo.

La necesidad de que el acercamiento se haga de una manera única y específica, que hace que cualquier otro enfoque (por sincero que sea el motivo, por pura que sea la intención, por arduo que sea el esfuerzo) no solo sea insuficiente, sino que sea causa de *juicio, condena* y *condenación,* solo podría ser la característica de un déspota totalmente carente de razón, absolutamente intolerante, absurdamente hipersensible, increíblemente mezquino e insanamente draconiano, características que no pueden describir al Dios de este universo.

La idea de que Dios *exige* ser amado desafía toda razón y lógica. Sin embargo, muchos la sostienen, pues está escrito en lo que se ha denominado *El Mayor de los Mandamientos*: «Amarás al Señor tu Dios con todo tu corazón, con toda tu alma y con todas tus fuerzas».

Digamos, pues, claramente y sin equívocos: el Dios de este universo —*por* el hecho de *ser* Dios— no necesita ni requiere la adulación de nadie. Asimismo, el Dios de este universo

—en *virtud* de *ser* Dios— no tiene nada que perder por acoger a cualquier alma que llegue a la divinidad por cualquier camino, y rebosa de alegría cuando un alma encuentra el camino de regreso al Hogar al hallar, aceptar y asumir su verdadera identidad.

La idea de que Dios rechaza a todos, excepto a los que llegan a Él por un camino singular y particular, es sencillamente errónea. Desafía todo pensamiento racional y contradice directamente la definición del Amor.

> *La idea de que Dios rechaza*
> *a todos, excepto a los que llegan*
> *a Él por un camino singular y*
> *particular, es sencillamente errónea.*

La buena nueva es que nuestra Deidad no es un Dios de marcas.

El amor de Dios, la aceptación de Dios y la alegría de Dios en nosotros no dependen de qué palabras digamos en la oración, de qué nombre invoquemos en la súplica o de qué fe abracemos en la esperanza.

A los ojos de Dios, un judío es tan bueno como un cristiano, un cristiano es tan bueno como un musulmán, un musulmán es tan bueno como un budista, un budista es tan bueno como un mormón, un mormón es tan bueno como un bahá'í y un ateo es tan bueno como todos los anteriores.

Lo Que Es es Lo Que Es, y ni su Ser, ni su gozo y dicha *por ser* el Ser, dependen de ninguna expresión particular, de ninguna forma particular, ni de ninguna parte particular del Ser.

✳

Vayamos aún más lejos. Ni siquiera es necesario que *los* seres humanos crean que *existe* Dios para que fluyan Sus bendiciones. La mayor alegría para Dios es que fluyan Sus bendiciones en un proceso ininterrumpido y eterno. No tiene nada que ver con nuestro amor hacia Él, y tiene todo que ver con Su amor por nosotros.

Una vez más, este puede ser el concepto más difícil de aceptar para los seres humanos. Parece que la mayoría de nosotros no puede aceptar la idea de que el amor divino fluye libremente hacia todos, sin excepciones, requisitos ni condiciones de ningún tipo.

O, en una notable inversión, muchos declaran *que* el amor de Dios *fluye* libremente hacia todos, y que la condena y el castigo de Dios a Sus súbditos por no creer en Él, o por cualquier mala acción, son una *demostración* de Su amor.

Solo mediante una arquitectura teológica tan enrevesada puede construirse y preservarse la idea de un Dios bondadoso y bueno, aunque es cuestionable que dicha preservación se haya logrado al nivel que hubieran deseado quienes la han elaborado. Parece mucho más evidente que la religión simplemente ha abandonado la idea de un Dios bondadoso y bueno, y que esta es la principal razón por la que millones de personas rechazan la idea de cualquier clase de Divinidad.

Esta es una de las mayores penas que ha sufrido la raza humana, pues ha privado a muchos miembros de la especie de su mayor recurso, paralizando así a la propia especie de forma inconmensurable.

A continuación exploraremos este efecto.

13

OTRO MALENTENDIDO SOBRE DIOS: *DIOS ES VENGATIVO Y SU AMOR PUEDE CONVERTIRSE EN IRA*

Esta es la extensión de una creencia anterior. Gran parte del mundo cree en un Dios que es un súper-ser masculino, que exige obediencia y dice que somos imperfectos porque *no* hemos sido obedientes. También nos dice que para estar en gracia de Dios (y, por tanto, para que podamos ser admitidos en el cielo), debemos cumplir ciertos requisitos muy específicos... *y que, si no se cumplen, su amor se convierte en ira.*

Una búsqueda en muchos de los libros sagrados de la especie humana produce innumerables referencias a «la ira de Dios» en muchas tradiciones religiosas del mundo.

En la tradición judía se nos dice en Nahum 1:2 que «Adonai es un Dios celoso y vengativo. Adonai se venga; sabe encolerizarse. Adonai se venga de sus enemigos y acumula ira para sus enemigos».

En la tradición cristiana se nos dice en Juan 3:35-36 que «El que cree en el Hijo tiene vida eterna; y el que no crea en el Hijo no verá la vida, sino que la ira de Dios está sobre él».

En las tradiciones islámicas se nos dice en el versículo 005:060: «[...] aquellos a quienes Alá ha maldecido, aquellos sobre quienes cayó la ira de Alá, aquellos a quienes Alá convirtió en monos y cerdos, y los devotos de los arrogantes y los malvados. Su situación es la peor; son los más alejados del camino recto».

En la tradición mormona se nos dice en Mosíah 3:26 que aquellos que «han bebido del cáliz de la ira de Dios, lo cual sería tan imposible que la justicia pudiera negar como negar que Adán cayó por participar del fruto prohibido; por tanto, la misericordia ya no podría reclamarlos por siempre jamás».

Las cosas se ponen muy serias cuando las escrituras que llamamos santas nos hablan de una Deidad despiadada. No puede sorprendernos que a lo largo de la historia la gente se haya puesto nerviosa por ofender a Dios. Se sabe que incluso Moisés dijo en una oración a Dios «[...] somos consumidos por tu cólera, y por tu ira somos turbados» (Salmo 90:7).

En efecto, nos sentimos turbados. Esta idea de la ira despiadada de Dios impregna las consideraciones humanas sobre lo Divino, y lo ha hecho durante siglos.

✳

Ahora viene el gran *¿Y si...?*

*¿Y si Dios nunca ha manifestado,
ni manifestará
ni experimentará ira?*

¿Marcaría la diferencia? ¿Importaría? En el esquema general de las cosas, ¿tendría alguna repercusión significativa en nuestra experiencia planetaria?

Sí. Por supuesto que sí. Nos permitiría creer en un Dios cuyo amor es incondicional, y nunca se nos retira por ninguna razón en absoluto, y ciertamente no por nuestras *creencias.*

Esto, a su vez, por fin daría a los seres humanos un modelo preciso de la verdadera naturaleza del amor, y un maravilloso ejemplo de cómo amarnos los unos a los otros. Ahora mismo, muchos seres humanos utilizan *su* comprensión de cómo *nos* ama *Dios* como el modelo de *cómo* deben amarse unos a otros.

Aceptar la noción de que el amor de Dios es incondicional significaría que un despliegue de ira humana, por el motivo que sea, ya no podría justificarse por la enseñanza de que Dios ha descargado Su ira una y otra vez sobre la humanidad. (Recordarás que la Biblia indica que más de dos millones de personas fueron asesinadas por la mano o el mandato de Dios).

A nivel de las parejas y las relaciones románticas, una nueva forma de amarse mutuamente tendría una *base demostrable* si a los humanos no se les hablara tanto de la ira de Dios. Esa nueva base sería el amor incondicional de Dios. ¡Qué modelo tendríamos por fin! Alguien que nos ama *pase lo que pase.*

El miedo también abandonaría el corazón humano si pensáramos que la experiencia del amor —ya sea el amor de otro ser humano o el amor de Dios— es para siempre.

Si pensáramos que Dios no tiene ira, los niños pequeños podrían irse a la cama sin tener que preocuparse por lo que les ocurrirá si no viven hasta la mañana siguiente. La oración: «Ahora que me acuesto a dormir, ruego a Dios que guarde mi alma. Si muriera antes de despertar, ruego a Dios que mi alma se lleve...» podría cambiarse por: «Ahora que me acuesto a dormir, sé que Dios guarda mi alma. Y si muero antes de despertar, sé que Dios mi alma tomará».

Si pensáramos que Dios no siente ira, miles de millones de adultos podrían irse a la cama sin sentir el impulso de suplicar a María, la madre de Jesús, que «ruegue por nosotros pecadores, ahora y en la hora de nuestra muerte».

Así, la Teología de la Súplica sería sustituida por la Teología de la Aplicación.

En la Teología de la Súplica nos colocamos en la posición de un suplicante, pidiendo continuamente a Dios, rogándole, suplicándole una cosa u otra.

En la Teología de la Aplicación *aplicamos* a nuestras vidas lo que sabemos que es cierto sobre nuestra relación con Dios: que Dios vive en nosotros, a través de nosotros, como nosotros, y que las cualidades de la divinidad son nuestras para aplicarlas en nuestra vida cotidiana, incluyendo la sabiduría, la claridad, el conocimiento, la creatividad, el poder, la abundancia, la compasión, la paciencia, la comprensión, la ausencia de necesidades, la paz y el amor.

El mensaje de Dios al mundo

Dios nos ha estado diciendo desde el principio, y cada día nos resulta más claro, que **la Vieja Historia Cultural de la humanidad sobre la ira de Dios es simple y llanamente inexacta.**

Ahora está bien eliminar esta antigua enseñanza de nuestra historia actual, y dejar de contárnosla a nosotros mismos y a nuestros hijos.

El hecho es que Dios no tiene motivos para experimentar o expresar ira. Puesto que lo *es* todo, lo *tiene* todo, lo *ha creado* todo, lo *experimenta* todo y puede *expresar* todo lo que desea expresar, ¿qué puede haber que le llene de ira?

Cuando no *quieres* nada, no *necesitas* nada, no *requieres* nada, no *exiges* nada, no *mandas* nada, ¿en qué podrías sentirte traicionado?

Por último, cuando no *existe* nada más que *Tú*, ¿con quién puedes enfadarte? ¿A quién castigarás? ¿Abofeteará la mano derecha a la izquierda?

La idea de un Dios iracundo se basa en la noción de que a Dios le importa lo que haces o dejas de hacer como una de las miles de millones de criaturas, en uno de los miles de millones de momentos, en uno de los miles de millones de planetas, en uno de los miles de millones de sectores de un cosmos que tiene un billón de billones de veces el tamaño de tu estrella natal. Y no es solo que a Dios le importe, sino que le importa *tanto* como para sentirse *profundamente herido* y *gravemente ofendido* si tu comportamiento no está a la altura de lo que se espera de ti, más aún, de lo que se te *ordena*.

Sería como decir *que* te preocupa un grano de todos los granos de arena de todas las playas del mundo. Puede que *ames* la arena y *todos* sus granos porque forman parte de la maravilla y la belleza de las playas del mundo, pero desde luego no te llenarías de ira si uno de esos granos, tal como fue diseñado, no reflejara la luz del sol. Y ciertamente no te enfurecerías si supieras que, en cualquier caso, no se trata más que de una condición temporal, que no dura más que un nanosegundo en el periodo eterno de la existencia de ese grano de arena.

✳

La noción de un Dios iracundo no solo depende de nuestra idea establecida de que Dios tiene preferencias en cuanto a nuestra conducta, sino también de la idea de que todos nuestros comportamientos y todas sus consecuencias *aún no se han producido*.

Una deidad iracunda solo puede tomarse en consideración dentro de los constructos totalmente artificiales del espacio y el tiempo. Sin embargo, en el Aquí/Ahora universal, Dios no puede enfurecerse por algo que *acaba de suceder*, sino que tendría que estar furioso *siempre* por todas las cosas con las que se dice que no está de acuerdo, puesto que todo lo que ha sucedido alguna vez, está sucediendo ahora y sucederá alguna vez, ocurre simultáneamente en el momento intemporal y singular del ahora eterno.

Es cierto que Dios siempre está siendo *algo* en el ahora eterno, pero no «ira». Dios es Amor, eterno e inmutable.

No es ira. Amor.

Amor incondicional.

La Esencia Esencial. La Fuerza Primera. La Energía Pura. El Elemento Singular. Lo Único Que Existe.

Para gravitar hacia esta nueva y revolucionaria concepción de la Realidad Divina y de la experiencia de la Deidad, habría que liberarse de la idea de que Dios es una criatura con estados de ánimo, cuyo temperamento depende de lo que ocurra en un momento concreto de un día concreto de una vida concreta, en un lugar concreto de un planeta concreto de un sistema solar concreto de una galaxia concreta, dentro de un cuadrante concreto de un universo concreto.

Para ayudarte a pasar a esta concepción nueva y revolucionaria, recuerda siempre esto:

> *Dios es Amor,*
> *eterno e inmutable.*
> *No es ira. Amor.*
> *Amor incondicional.*

※

Hay una tercera noción que debemos abordar. Se trata de la obstinada creencia de que existe algo llamado «justicia divina» que puede ser violada, y de algún modo la perfección divina

puede ser empañada irrevocablemente por un único acontecimiento en la única vida de…, aquí vamos de nuevo…, un único
ser, en un único planeta en un único sistema solar, de una única
galaxia dentro de un único cuadrante de un único universo.

Algunas religiones nos dicen que Dios considera intolerable
e inaceptable esta violación o desfiguración y que, por tanto,
debe ser rectificada y reconciliada.

Sin embargo, Dios nos dice (a diferencia de lo que nos dicen
las religiones) que la perfección *no puede* estropearse, porque la perfección es el estado natural de las cosas, la condición
y la realidad eternas.

En verdad, ninguna cosa es mejor que otra, y todas las cosas son simplemente lo que son: reflejos de un universo que
funciona perfectamente en una manifestación perfectamente
demostrativa de una realidad perfectamente existente, en la
que una cosa conduce inexorablemente a otra en un proceso
interminable llamado evolución.

¿Cómo pueden ser perfectas todas y cada una de las realidades? Muy sencillo. Si nada ni nadie requiere que algo sea
distinto de Lo Que Es. Y este es el estado natural de las cosas.

En la Realidad Última, lo divino no requiere ni desea nada
distinto de Lo Que Es, por la buena razón de que Lo Que Es es la
suma total de todas las posibilidades, todos los acontecimientos, todas las circunstancias, todas las condiciones, todas las
experiencias y todas las expresiones de la vida en todas y cada
una de sus formas, todo ello a la vez.

Un día lluvioso no es menos perfecto que un día soleado,
pues el día lluvioso hace que la gloria del día soleado sea alegre, y el calor del día soleado hace que el frescor del día lluvioso sea bienvenido.

El error cometido en las tablas de multiplicar a los nueve
años es lo que produce al genio matemático que enseña calcu-

lo avanzado en el MIT [Instituto Tecnológico de Massachusetts] a los treinta y cuatro.

Y sí, incluso el horror de la peor de las experiencias humanas es lo que ha dado origen a la mejor de las expresiones de nuestra especie, a medida que evolucionamos a lo largo de décadas, siglos y milenios. A lo largo de toda la existencia, una circunstancia o acontecimiento produce, con el tiempo, una conciencia que favorece otra circunstancia o acontecimiento. El maestro vive la vida sin juzgar ni condenar ese proceso, ni a ninguna persona o acontecimiento que forme parte de él, puesto que ve el gran mosaico.

La «justicia» y la «perfección» son construcciones humanas establecidas en el contexto de valores relativos. La idea de justicia divina depende de la idea previa de que en la mente de Dios algunas cosas están «bien» y otras «mal». Sin embargo, tal idea no existe en el reino de lo espiritual, que también es el reino de lo Absoluto, donde todo se experimenta Aquí/Ahora y la única energía es el Amor Absoluto.

Todos los maestros espirituales saben esto, por eso, cada uno a su manera, nos han dicho: *No juzgues ni condenes.* Este mensaje ya lo has oído aquí antes, y lo volverás a oír antes de que concluya este proceso, pues es el centro de todo lo que la raza humana está invitada a integrar en su nueva comprensión de Dios.

La pregunta es: ¿«No juzguéis ni condenéis» se aplica también a Dios?

La respuesta que nos han dado la mayoría de los religiosos es que no. *Los humanos* no deben juzgar, pero *se espera* que *Dios* juzgue.

No obstante, ¿es así como se supone que funciona todo? Y si es así, ¿por qué? ¿Cómo ha llegado a ser así?

14

OTRO MALENTENDIDO SOBRE DIOS: *DIOS ESTABA EN GUERRA CON EL DIABLO, Y ASÍ EMPEZÓ ESTE MUNDO*

Prácticamente todas las grandes religiones enseñan que existe una personalidad o una criatura que no es Dios. Esta criatura ha recibido muchos nombres, entre ellos: Satán, Lucifer, Belcebú, el Diablo, el Príncipe de las Tinieblas, el Espíritu Maligno, el Ángel Caído y el Tentador. Se dice que esta criatura mantiene una lucha constante con Dios por las almas de la humanidad.

Por poner solo un ejemplo, la teología de la Congregación Cristiana de los Testigos de Jehová enseña que esta criatura llamada el Diablo existió originalmente como un ángel perfecto, pero más adelante desarrolló sentimientos de orgullo y prepotencia, y luego persuadió a la primera mujer, Eva, y a través de ella al primer hombre, Adán, para que desobedecieran a Dios. Fue esta decisión de rebelarse contra la soberanía de Dios y obedecer al Diablo lo que convirtió a Adán y Eva en pecadores, haciendo que transmitieran la naturaleza pecaminosa a toda su futura descendencia.

Dios podría haberse limitado a destruir al Diablo en ese mismo momento y haber matado también a la pareja desobediente. (Después de todo, si hemos de creer la Biblia, mató a dos millones de personas por Su mano o por Su orden). Pero, según la teología de los Testigos de Jehová, Dios decidió dejar pasar el tiempo para poner a prueba la lealtad del resto de la humanidad y demostrar al resto del universo que el hombre no puede independizarse de Dios. El hombre está perdido sin las leyes y normas de Dios, y nunca puede traer la paz a la tierra, y Satán es un engañador, asesino y mentiroso.

No se explica por qué Dios necesitaría poner a prueba nada, y mucho menos la lealtad de una especie recién nacida (sería como si los humanos pusiéramos a prueba la «lealtad» de un bebé de tres días). Tampoco se nos dice por qué Dios necesitaría «probar» nada al resto del universo, aunque este aspecto de la teología nos presenta la interesante afirmación de que hay vida inteligente en otras partes del universo. Si no, ¿para qué molestarse?

✳

Esta historia de ciencia ficción en la que Dios echa del paraíso a sus propias creaciones producidas con amor no se limita a la teología de una sola confesión, sino que se enseña ampliamente en la Historia de los Orígenes de muchas religiones y culturas.

Por poner otro ejemplo, en algunos hogares coreanos se cuenta la historia del Jardín de Mago. Este cuento habla de una Deidad que creó un paraíso y luego colocó en él creaciones humanas de distintos colores, como flores en un hermoso jardín. Sin embargo, debido a sus diferencias, estas criaturas se pelearon entre sí, por lo que, decepcionada y enfadada, Mago desterró a Sus creaciones del paraíso, separándolas y enviándolas a distintos lugares de la tierra, y les dijo que solo podrían volver al Jardín cuando aprendieran a convivir armoniosamente. Según la continuación de esta historia, desde entonces los pueblos de la tierra han estado intentando encontrar la manera de regresar.

Cada una de nuestras historias sobre el origen habla de un Dios que creó algo que, al final, resultó no ser tan bueno. Por improbable que parezca, se sigue insistiendo en esta historia. En algunos relatos, lo que se volvió malo fue un ángel llamado Lucifer; en otros, fueron los propios hijos de Dios; y en los terceros, ambas cosas. En algunas historias Dios estuvo en guerra con el Diablo y, al salir victorioso, lo arrojó al infierno para siempre; ahora compite desde ese horrible lugar por las almas de los humanos.

De todos modos, como ya he dicho, la historia fundamental sobre el origen de la humanidad es la de un buen plan que salió mal, la de algo que no es divino pero que surgió *de* Lo Divino, la de algo que no ha demostrado ni reflejado las cualidades *de* Lo Divino, y que ahora trata de tentarnos a todos para que hagamos lo mismo.

✺

Ahora viene el gran *¿Y si...?*

¿Y si no existiera tal cosa como
Satanás, el Diablo, Lucifer o cualquier
«espíritu maligno», ¿y si lo que
no es divino simplemente no existe?

¿Habría alguna diferencia? ¿Importaría? En el esquema general de las cosas, ¿tendría alguna repercusión significativa en nuestra experiencia planetaria?

Sí. Sin la existencia de una entidad maligna o de una fuerza del mal que se dice que existe en la Realidad Última, toda la mitología de la batalla de Dios contra La Oscuridad se desintegraría, y con ella toda la idea de la lucha eterna del bien contra el mal.

Una noticia aparecida en agosto de 2014 en el sitio web TheSpectrum.com ilustra lo profundamente arraigada que está esta idea en la cultura humana, y nos ofrece un ejemplo impecable de lo que se dice en el primer capítulo de este libro. Allí dije que no es poca cosa equivocarse con respecto a Dios, porque un número sorprendente de las decisiones que toman miles de millones de personas en todo el mundo las toman en el contexto de lo que creen sobre Dios y sobre lo que Dios quiere. Si crees que estoy exagerando, te presento este caso: «El ganadero de Nevada Cliven Bundy les dijo a los miembros del Partido Americano Independiente, reunidos para escucharle el sábado, que el enfrentamiento de abril entre su familia y los milicianos armados que le secundaban por una parte, y las agencias federales por otra, formaba parte de la antigua batalla entre el bien y el mal», según decía el artículo de The Spectrum.

Recordarás que las agencias federales ordenaron al Sr. Bundy que dejara de apacentar su ganado en las tierras del gobierno. El Sr. Bundy se negó, y su negativa saltó a las noticias nacionales, atrayendo a personas armadas de todas partes para respaldarle en su enfrentamiento con las autoridades. O, en palabras del propio Sr. Bundy: «Había gente de casi todos los estados de la Unión. Algunos me dijeron que habían viajado 40 horas para llegar aquí. ¿Por qué vinieron?... Porque sentían que lo necesitaban. Se habían sentido conmovidos espiritualmente».

También se citó en las noticias que el Sr. Bundy preguntó al grupo al que se dirigía:

—Si nuestra Constitución es un documento inspirado por nuestro Señor Jesucristo, entonces, ¿no es una escritura?

—Sí —respondió un coro de voces.

—¿No es lo mismo que el Libro del Mormón y la Biblia? —preguntó Bundy.

—Absolutamente —respondió el público, según el sitio web The Spectrum.

El enfrentamiento armado con los agentes federales (que, por cierto, dieron marcha atrás) refleja la misma historia cultural que inicia todas las guerras.

Las guerras humanas se basan en —y, de hecho, *requieren*— la caracterización de personas y posiciones como «buenas» y «malas» a fin de que los humanos se sientan suficientemente motivados para violar su propia naturaleza básica, que consiste en *no herir ni dañar nunca a nada ni a nadie.*

En el núcleo de todo ser sintiente existe la «reverencia por la vida», y la única forma de conseguir que alguien actúe en contra de este impulso interno es convencerle de que está haciendo el «bien» al actuar de una forma que esa misma persona calificaría de «malvada» si fuera en su contra.

✳

Gran parte del comportamiento disfuncional de la humanidad con relación a la violencia y la guerra ha surgido a raíz de que las religiones adoptaron la historia de una guerra celestial entre Dios y Satanás, en la que Dios salió victorioso y el Ángel Caído fue expulsado del cielo.

Sin embargo, como ya hemos relatado varias veces (siguiendo el ejemplo continuado de diversas religiones), el Ángel Caído no fue destruido, sino que, según la mitología, se le permitió seguir existiendo como Príncipe de las Tinieblas y Jefe de los Demonios, y *hasta el día de hoy sigue luchando con Dios* en una batalla por las almas humanas.

Es fascinante que esto se presente como una batalla en la que Satanás puede *ganar*. Y cuando lo hace, las almas que sucumben a sus tentaciones son enviadas a unirse con él en el fuego eterno.

La Biblia está repleta de afirmaciones sobre el infierno, que se presentan como doctrina vital (Heb. 6:1, 2) y describen el infierno como un lugar real y literal de fuego y tormento (Judas 3, 7; Apoc. 14:10; 20:10-15; 21:8). Se nos dice que es donde los que no conocieron a Cristo sufrirían la condenación eterna (2 Tes. 1:8,9); y hasta el día de hoy se nos advierte que, para los que rechazan a Cristo, se trata de un castigo que dura eternamente (Mt. 13:41, 42; 18:8, 9; 25:41-46; Lc. 16:19-31).

La religión lleva siglos aconsejándonos con urgencia que hagamos todo lo posible por evitar las trampas del Diablo.

La idea de la existencia del bien intrínseco frente al mal intrínseco se ha convertido en un elemento fundamental de la historia cultural humana, al igual que la noción de que Dios está en lucha con el diablo. Esta lucha justifica y permite que Dios administre un castigo horrible más allá de toda descripción a quienes caen presa de las tentaciones de Satanás y no buscan el perdón de una manera establecida específicamente. Es lo que da a los seres humanos los fundamentos morales para castigar de forma horrible e indescriptible a los que consideran *sus* enemigos.

Al fin y al cabo, lo que es suficientemente bueno para Dios también debería serlo para nosotros.

De este modo, nuestra especie ha encontrado una base espiritual para todo tipo de barbaries, y ofrece el ejemplo de Dios para reivindicar completamente muchas de sus crueldades.

Si se elimina la idea del mal de las construcciones e historias sobre la Realidad Última, la piedra angular de la crueldad se desmorona, su razón de ser se pierde, su base se disuelve, y su justificación se yuxtapone a una Realidad Última en la que solo existe el Amor, solo *ha* existido el Amor y solo el Amor *existirá*.

✳

Todo este guion sobre que el mal está en guerra con el bien, y sobre un ángel que luchaba contra Dios en el Reino de los cielos, se deriva de la idea de que puede existir algo que *no* es Dios.

Esta idea da lugar al corolario de que es posible el «pecado», entendido como una ofensa contra Dios, y por tanto es posible que el Ser Más Poderoso del universo (de hecho, el Creador del universo) se enfade porque un ser de entre otros siete mil millones, de uno de los varios billones de planetas, no fue a misa el domingo, o no viajó a La Meca durante su vida, o se enamoró de otro ser de su mismo sexo.

A su vez, esta noción lleva a la dudosa conclusión de que el castigo de Dios sobrevendrá y debe sobrevenir como retribución por tales ofensas, equilibrando así la «balanza de la justicia» y garantizando que en el Reino de Dios todo exista en un estado de pureza y perfección.

La contradicción es que un castigo horrible y eterno es tremendamente desproporcionado para muchas de las supuestas «ofensas» humanas (como acercarse a Dios con pureza de corazón, pero mediante la religión equivocada). La triste paradoja es que esto es todo *menos* una expresión de pureza y perfección.

El mensaje de Dios al mundo

Dios nos ha estado diciendo desde el principio, y cada día nos resulta más claro, que **la Vieja Historia Cultural de la humani-**

dad sobre la existencia de una criatura conocida como Satanás es simple y llanamente inexacta.

Ahora está bien eliminar esta antigua enseñanza de nuestra historia, y dejar de contárnosla a nosotros mismos y a nuestros hijos.

No existe tal ser como Satanás, y tampoco existe el infierno.

Los que creen que Satanás *existe* afirman que su inexistencia es exactamente lo que el propio Satanás declararía e intentaría hacernos creer. Por tanto, a cualquiera que diga que Satanás no existe, no se le ve simplemente como alguien que tiene una diferencia teológica con la corriente religiosa principal, sino, lo que es más ominoso, como «un instrumento del Diablo». Esto garantiza que tal diferencia de opinión rara vez se revele o se exponga a debate.

No obstante, vamos a comentarla aquí.

Lo que los seres humanos *llaman* mal *existe* en nuestra realidad como parte del Campo Contextual descrito anteriormente. Nuestras definiciones del «mal» son creaciones nuestras, y no tienen nada que ver con ningún tipo de mal inherente al Reino de Dios.

De hecho, la ausencia de «mal» en el reino espiritual es lo que nos obliga a crearlo en el Campo Contextual, dentro del reino físico, para poder expresar y experimentar lo que llamamos «bien».

Sin embargo, no tenemos que crearlo en nuestro planeta. Mientras algo que etiquetamos como «malo» exista *en algún lugar* del Campo Contextual (que es el universo), podemos experimentar eso que llamamos «bien». Además, podemos utilizar *la memoria* como dispositivo con el que crear un Campo Contextual. Por tanto, si podemos recordar un momento en el que experimentamos u oímos hablar de algo «malo», podemos, en el momento presente, experimentar eso que llamamos «bueno». Por tanto, actualmente, la presencia, la expresión o la experiencia del «mal» sobre la Tierra no es necesaria para que se produzca la expresión o la experiencia del «bien».

Porque el hecho de que lo que llamamos «mal» sea una creación nuestra no significa que no sea «real» para nosotros (en la medida en que cualquier cosa dentro de esta ilusión llamada vida física es «real»), ni que calificar las cosas de «buenas» y «malas» en términos humanos carezca de valor.

De hecho, nuestra especie se define a sí misma por lo que nosotros llamamos el «mal», y estas definiciones cambian a medida que la especie evoluciona. Ahora bien, es de vital importancia que comprendamos que esas etiquetas son *nuestras*, y no han sido «estampadas» imborrablemente en determinadas acciones o condiciones por una Deidad ni por un diablo.

Ahora voy a ofrecer pruebas inapelables de que esto es cierto.

✳

El 28 de julio de 1999, en un discurso semanal presenciado por más de 8.500 personas, el Papa Juan Pablo II dijo que el infierno físico y literal, como lugar de fuego y tormento eternos, *no existe*. Más bien, según dijo el Papa, el alma puede vivir una experiencia infernal, y no solo después de la muerte, sino en esta vida. Dicha experiencia es la de estar separado de la gozosa comunión con Dios.

Según una transcripción oficial del discurso, Juan Pablo II señaló que las referencias bíblicas al infierno y las imágenes que lo retratan solo son figurativas, y simbolizan «la completa frustración y el vacío de la vida sin Dios».

Y añadió: «Más que un lugar físico, el infierno es el estado de quienes se separan libre y definitivamente de Dios, la fuente de toda vida y alegría».

El Papa continuó diciendo que la antigua noción de un infierno de fuego y azufre, y las aterradoras imágenes de algunas escrituras y otras fuentes y pinturas, también son solo «simbólicas». Tales ilustraciones, dijo, no deben utilizarse para asustar a la gente.

Citando sus palabras exactas: «El pensamiento del infierno, y menos aún el uso inadecuado de imágenes bíblicas, no deben crear ansiedad ni desesperación».

El Papa también dijo que Dios no nos condena al infierno. La condenación eterna, explicó, «no se atribuye a la iniciativa de Dios, porque en su amor misericordioso su único deseo es la salvación de los seres que Él creó». [2]

No explicó por qué Dios no puede llevar a buen término Su «único deseo», pero sí dijo que es el propio ser humano el que se cierra al amor de Dios. Así, en realidad, la condenación es obra del ser humano: el resultado de su libre albedrío al elegir rechazar a Dios y Su perdón.

Y ahora, abordemos la dramática exposición de las similitudes entre los mensajes que reciben y comparten los seres humanos, de la que he hablado antes...

✳

---

2. Para quienes deseen consultarla, la declaración del Papa Juan Pablo II se publicó en la edición del 4 de agosto de 1999 de *L'Osservatore Romano*, el periódico de la Santa Sede. La edición semanal en inglés se publica para EE.UU. en The Cathedral Foundation, 320 Cathedral St., Baltimore, MD 21201. También se informó de sus declaraciones en Religion News Service, una agencia de noticias que informa sobre religión, ética, espiritualidad y cuestiones morales.

El comentario del Papa tenía un parecido asombroso con las palabras del evangelista cristiano Billy Graham en una entrevista realizada por una importante revista hace algunos años. Preguntado sobre el horno eterno del infierno, esto es lo que dijo:

«Lo único que podría decir con seguridad es que el infierno significa separación de Dios. Estamos separados de su luz, de su compañía. Eso va a ser el infierno… En cuanto a un fuego literal, no lo predico porque no estoy seguro de ello». (Revista *Time* , 11-15-93).

Y… estas declaraciones tanto del Papa Juan Pablo II como de Billy Graham no solo se parecen entre sí, sino que son notablemente parecidas a las palabras que se encuentran en el libro *En Casa con Dios, una vida que nunca termina*, la última entrega de la serie *Conversaciones con Dios*.

He aquí el diálogo de este libro, que comienza con las palabras atribuidas a Dios:

Seamos claros. El infierno no existe. Sencillamente, no existe tal lugar. Por tanto, si no existe, no puedes ir a él.
Ahora bien…, ¿puedes CREAR un «infierno» personal para ti si así lo eliges, o si crees que es lo que «mereces»? Sí. Así que puedes *enviarte a ti mismo* al «infierno», y ese «infierno» resultará ser exactamente como imaginas o sientes que necesitas que sea, pero no te quedarás allí ni un momento más de lo que elijas quedarte.

¿Quién elegiría quedarse allí ni por un momento?
Te sorprendería. Mucha gente vive con un sistema de creencias que afirma que son pecadores y deben ser castigados por

sus «ofensas». De esta manera permanecerán realmente en su ilusión del «infierno», pensando que eso es lo que se merecen, que eso es lo que les «va a caer encima», que eso es lo que tienen *que hacer.*

Pero no importará, porque no sufrirán en absoluto. Simplemente se observarán a sí mismos desde una distancia desapegada y contemplarán lo que ocurre: algo así como ver un vídeo instructivo.

A continuación, el diálogo dice que en el momento en que cualquier alma desee salir de este infierno autoimpuesto, se encontrará, a la velocidad del pensamiento, en un lugar de amor incondicional, conocimiento total, gozo absoluto y completa manifestación y unión con Dios.

Todas estas afirmaciones —del Papa, del reverendo Billy Graham, de *En Casa con Dios*, y de muchas otras fuentes de sabiduría espiritual contemporánea que también podrían citarse aquí (pero no lo haremos por cuestiones de espacio y tiempo)— contradicen completamente lo que los antiguos escritores bíblicos dijeron sobre la realidad de un lago de fuego literal que arde por toda la eternidad.

Anteriormente en este texto dije que, como *producto* de la evolución, «no solo uno o dos de nosotros, no solo unos pocos, sino millones de personas en todas partes están recibiendo ahora el mensaje eterno de Dios. Está llegando a la humanidad de forma más ubicua y precisa que nunca».

En esa declaración anterior también dije: «No es casualidad que casi todos estos "nuevos mensajes" contengan afirmaciones similares, ofrezcan observaciones similares, proporcionen respuestas similares y describan realidades similares».

Así pues, la pregunta es: ¿ha evolucionado la raza humana lo suficiente como para superar por fin el nivel de nuestras primeras historias y afirmaciones sobre un espíritu maligno y un lugar de fuego y azufre? ¿O seguiremos negándonos a cuestionar la Suposición Previa?

✳

Hay que volver a afirmar que dejar de lado la idea del Diablo no significa abandonar nuestra noción de que algunas cosas son «buenas» y otras «malas», según la definición actual de la humanidad.

El truco consiste en no *enfrentarnos* al «mal» con el «mal», y en darnos cuenta de que su existencia es producto de un Campo Contextual que solo existe en el mundo físico, y así bendecir a quienes perpetran el «mal», incluso al mismo tiempo que intentamos cambiar lo que han hecho.

¿Qué es esto?, podrías decir. *¿Debemos bendecir a los que hacen el mal?*

Sí. Todos los maestros espirituales que han pisado este planeta lo han comprendido así. Por eso todos ellos, cada uno a su manera, han enviado el mismo mensaje básico a la humanidad: «Amad a vuestros enemigos. Bendecid a los que os maldicen, haced el bien a los que os odian y rezad por los que os usan con desprecio y os persiguen».

Buda dijo: «Aunque los ladrones te corten cada extremidad con una sierra de doble mano, si tu mente se vuelve hostil, no estás siguiendo mis enseñanzas».

Estas enseñanzas siguen fluyendo hacia la humanidad hasta nuestros días. El Dalai Lama dijo esto en el siglo XXI: «El odio no cesará por el odio, sino solo por el amor. Esta es la antigua ley».

¿Podemos creer en las palabras de nuestros maestros espirituales? Si no quisieran que creyéramos estas cosas, ¿para qué las habrían dicho?

¿Podría ser que estuvieran intentando decirnos que, mediante la expresión más elevada de amor, podemos disolver el dolor y el poder de todo aquello que no consideramos la expresión más magnífica del amor?

¿Podría ser que cada maestro espiritual haya sabido que, durante todas las vidas humanas, se nos ha invitado y se nos invitará a tener el valor de contradecir lo que la mayoría de la gente consideraría «el acto correcto» cuando se recibe un ataque?

¿Significa esto que no debemos responder cuando se nos ataca? No, no significa eso. Pero sí significa que la *forma* en que respondemos no tiene por qué ser la forma tradicional de autodefensa y contraataque, sino una forma que anule los efectos del ataque.

Todo amor anulará, en todos los sentidos, todos los efectos negativos de cualquier ataque. Puede que no altere la apariencia exterior, pero alterará para siempre la experiencia interna. Y esta, a su vez, a menudo altera la apariencia externa.

Nelson Mandela estuvo encarcelado durante veintisiete años en Sudáfrica, pero se negó a condenar a sus carceleros. Al contrario, eligió amarlos abiertamente. El resultado: los guardias luchaban por ser asignados a su zona. Le pedían consejo sobre sus problemas personales, y él se sentaba pacientemente con ellos en su celda, ofreciéndoles su amable consejo. Se dice que el día que Nelson Mandela salió de la cárcel, los guardias lloraron. Habían perdido a su mejor amigo.

Él comprendió a un nivel muy profundo que...

*Todo amor anulará, en todos los sentidos,
todos los efectos negativos de todo ataque.*

✳

Cuando nos damos cuenta de que tenemos el poder de neutralizar no solo un ataque, sino cualquier energía negativa en cualquiera de sus formas —desde las pequeñas molestias hasta las grandes calamidades del día—, vemos que la negatividad es algo que estamos produciendo subjetivamente, no algo que experimentamos objetivamente. No es que nos encontremos con ella, sino que estamos creándola. Es una decisión interna, no una condición externa.

A lo largo de los tiempos, los maestros espirituales, los santos y los sabios han dicho que el mayor reto de la condición humana es esta lucha interna en torno a cómo vamos a responder a los acontecimientos, condiciones, situaciones o circunstancias externas. Muchos musulmanes se refieren a esta lucha interna como *yihad*.

No existe ningún ser ni ninguna criatura denominada Satanás. Dios no creó un ángel y vio cómo se convertía en diablo, para luego permitir que atormentara a los humanos durante toda su existencia. Pero Dios sí dio a los humanos el poder de ver las cosas como quieran. Puede ser útil pensar que Satanás equivale a ver cualquier cosa como algo negativo.

Igual que Nelson Mandela, podemos adoptar cualquier perspectiva que elijamos con respecto a cualquier aspecto de la vida. A partir de ahí, nuestra perspectiva creará nuestra percepción, nuestra percepción creará nuestra creencia, nuestra creencia creará nuestro comportamiento, nuestro comportamiento creará nuestra experiencia, y nuestra experiencia creará nuestra realidad.

La decisión de ver algo, cualquier cosa, como negativa es una elección que nosotros, y solo nosotros, hacemos. No existe ningún «espíritu maligno» que tenga poder sobre nosotros.

O, como decía *Pogo*, el personaje de cómic creado por el difunto dibujante Walt Kelly: «Hemos conocido al enemigo, y somos nosotros mismos».

15

OTRO MALENTENDIDO SOBRE DIOS: *DIOS DETERMINA LO QUE ESTÁ BIEN Y LO QUE ESTÁ MAL*

Ya hemos dicho que, a la hora de decidir lo que es «bueno» y lo que es «malo», millones de personas —de hecho, sociedades y culturas enteras— se basan en lo que el Dios en el que creen ha anunciado, declarado, ordenado y exigido.

Esto también es válido para las etiquetas más amplias y matizadas sobre lo que está bien y lo que está mal.

Al final, la mayoría de la población mundial tiene fe en que Dios es la autoridad que define y decide con respecto a lo que es apropiado e inapropiado en el comportamiento humano. De hecho, las *leyes civiles* de muchos países y jurisdicciones se basan en este punto de vista.

✳

¿Y si...?

*¿Y si conceptos como el bien y el mal
ni siquiera existen en la Mente de Dios?*

¿Y si no existen tales delimitaciones o definiciones en la Realidad Última?

¿Marcaría esto la diferencia? ¿Importaría? En el esquema general de las cosas, ¿tendría alguna repercusión significativa en nuestra experiencia planetaria?

Sí. Y seamos claros. Esto va más allá de las simples y burdas definiciones generales del «bien» y del «mal». Esto llega hasta los matices más delicados del pensamiento, las palabras y el comportamiento humanos.

Sin lo que se supone que son las directrices de Dios sobre lo que está bien y lo que está mal en muchas áreas sutiles, miles de millones de personas del mundo se verían, de repente, sin timón en el tormentoso mar de la experiencia humana. Sabemos muchas cosas sobre el «bien» y el «mal». Pero, por ejemplo, ¿enamorarse de la persona «equivocada» en el momento «equivocado» es intrínsecamente «bueno» o «malo»? ¿Es «bueno» o «malo» defraudar en el impuesto sobre la renta si se cree que el gobierno utiliza nuestro dinero para cosas «malas»?

En la actualidad, personas de todo el mundo basan gran parte de su comportamiento individual, así como las decisiones y acciones de su clan, grupo o tribu, en los Pronunciamientos Públicos Prominentes de su tradición religiosa. Y no solo en lo que respecta a las acciones de trazo grueso (matar, robar, etc.), sino también en lo relativo a las maniobras más sutiles y finas del ser humano (la pequeña mentira piadosa, la aventura discreta que presumiblemente no hace daño a nadie, etc.).

Para los judíos y muchos cristianos, esta Proclamación Pública Prominente son los Diez Mandamientos. Para los musulmanes, son los Cinco Pilares del Islam. Para los budistas, el Noble Óctuple Sendero y los Cinco Preceptos. Para los hindúes, la

Doctrina del Cuádruple Fin de la Vida. Para los que practican el kemetismo (una reconstrucción de la antigua religión egipcia) están las 11 Leyes. Los miembros de la Fe Bahá'í siguen el Kitáb-i-Aqdas (el libro de leyes de Bahá'u'lláh). El sijismo tiene la Reht Maryada.

Y la lista sigue.

Si de repente quedara claro que Dios no *tiene* leyes —que los pronunciamientos y las revelaciones de la Deidad no contienen mandamientos, requisitos, reglamentos, normas, instrucciones, directrices, preceptos, principios, criterios o normas de conducta de ningún tipo—, la mayor parte de la teología tradicional, y no poca de la jurisprudencia mundial, se quedaría sin suelo bajo los pies.

Si las normas de la conducta humana *no* deben basarse en las exigencias de nuestro Creador (por la razón de que nuestro Creador no exige nada), nuestra especie tendrá que inventar nuevos razonamientos para declarar «correcta» determinada acción, elección o decisión, y «equivocada» otra.

Si quitamos de en medio la «moral», es decir, los valores que surgen de nuestra comprensión de los mandatos o deseos de Dios, surge la pregunta: ¿cuál será la regla de oro para el comportamiento de nuestra especie?

Una cosa parece cierta sobre nuestra normativa actual: las etiquetas arbitrarias que determinan que ciertas elecciones y acciones son «correctas» o «incorrectas» —basándose en interpretaciones aparentemente caprichosas, a menudo variables y con demasiada frecuencia contradictorias con la Ley de Dios— han hecho más daño que bien en demasiados casos como para que sigan considerándose razonables, o incluso útiles, dentro de una sociedad esclarecida.

Vuelvo a referirme a la condena a muerte de una persona en 2014 por sus opciones religiosas, como se explicó en el capítulo 6, porque es una ilustración sorprendente e inmensamente triste de esta idea. Sin embargo, la búsqueda y la creación de una nueva norma de comportamiento podría provocar un trastorno masivo en las comunidades sociales y políticas de la humanidad. Sin duda, esta es la razón por la que la gente se aferra a las normas antiguas.

Nadie quiere alterar las cosas ni desequilibrar el barco, ni siquiera cuando se está hundiendo.

Nadie quiere cuestionar la Suposición Previa.

El mensaje de Dios al mundo

Dios nos ha estado diciendo desde el principio, y cada día lo tenemos más claro, que **la Vieja Historia Cultural de la humanidad sobre el bien y el mal es simple y llanamente inexacta.**

Ahora está bien eliminar esta antigua enseñanza de nuestra historia actual, y dejar de contárnosla a nosotros mismos y a nuestros hijos.

En la Realidad Última no existen el bien y el mal. Estos conceptos son construcciones humanas basadas en una enorme incomprensión de lo que Dios quiere, y en una completa falta de comprensión tanto de la causa como del propósito de la vida misma.

La razón por la que los juicios sobre el bien y el mal no están presentes en la mente de Dios es que los propios conceptos se basan en la experiencia del beneficio y del daño, ninguno de los cuales existe en la Realidad Última.

Nada puede beneficiar a Aquello Que Es La Fuente De Todo Beneficio. Imaginar que algo beneficia a Dios es como imaginar que un céntimo beneficia a un multimillonario.

Nada puede dañar a Aquello Que Es La Fuente De Todo Lo Que Es. Imaginar que algo perjudica a Dios es como imaginar que una historia de acción sobre un niño que se hizo daño y luego mejoró perjudica al autor que la escribió.

Puesto que Dios no puede ser beneficiado ni dañado de manera alguna, la idea de que algo sea correcto o incorrecto no existe en Su mente.

Esta idea tampoco existirá en la mente de los seres humanos cuando lleguen a comprender que no pueden ser beneficiados o perjudicados en modo alguno. Esto es así porque los seres humanos no están separados de Dios — una verdad que examinaremos en profundidad cuando exploremos el Último y Mayor Malentendido sobre Dios en el capítulo 23—.

Por ahora, puede resultar útil recordar esto:

Como Dios no puede ser beneficiado
ni perjudicado de ninguna manera,
la idea de que algo esté
bien o mal no existe
en la mente de Dios.

✳

Es muy posible que los seres humanos experimenten la *ilusión* de beneficio o daño durante su experiencia física en la tierra, pero esto no es más que el resultado de su idea sobre lo que está ocurriendo.

William Shakespeare lo expresó de otra manera: «No hay nada bueno ni malo, sino que el pensamiento lo hace así».

En otras palabras, nos lo estamos inventando todo. Definimos y decidimos lo que es «bueno» o «malo», «correcto» o «incorrecto», según nuestro estado de ánimo del momento, en función de la situación, el momento y el lugar.

En Peoria, Illinois, la prostitución está «mal». En Ámsterdam, Países Bajos, es un negocio legítimo, autorizado, regulado por el gobierno y representa una notable fuente de ingresos fiscales.

En 1914, vivir juntos fuera del matrimonio se consideraba «malo». En 2014 se considera una buena idea antes de contraer el compromiso a largo plazo del matrimonio, o para las personas mayores que buscan compañía en sus últimos años sin los enredos legales de contraer matrimonio.

Vamos inventándonos cosas y cambiando de opinión sobre la marcha, pero, en un momento dado, nos quedamos pillados pensando que, en ese momento *particular*, lo que está bien está bien, y lo que está mal está mal.

Dios no tiene nada que ver con estas delimitaciones. Son totalmente un producto de las elucubraciones humanas. Si Dios definiera el bien y el mal, esas definiciones permanecerían constantes. Lo que es verdad en Peoria sería verdad en Ámsterdam. Lo que era verdad en 1914 sería verdad en 2014. El bien y el mal no estarían determinados por un mapa o un calendario.

✳

Por tanto, la cuestión que se plantea ante la humanidad no es si Dios declara que algo es correcto o incorrecto, sino ¿qué es lo que hace que *un ser humano* lo designe así?

La respuesta observable es que los seres humanos ya han decidido (aunque pocos desean admitirlo) que van a juzgar cada una de sus posibles elecciones o acciones como correctas o incorrectas *en función de si creen que será eficaz para lograr sus objetivos.*

Así, los humanos pueden aprobar que el Estado mate a alguien intencionalmente, incluso cuando declaran que matar a alguien intencionalmente está mal.

Así, los humanos pueden aclamar el cuento de Robin Hood, donde se roba a los ricos para dárselo a los pobres, aunque los mismos humanos afirmen que robar está mal.

Así, los humanos pueden convencerse a sí mismos de que un encuentro sexual en nombre del amor con el cónyuge maltratado e ignorado de otra persona es romántico y comprensible, aunque sostengan que el adulterio está mal.

Resulta que en las interacciones humanas nada se considera correcto o incorrecto *de manera absoluta*, sino que estos juicios se hacen dentro de un *contexto* particular.

✳

Esta es la verdad de la situación en la tierra. Resultaría útil admitir esto abiertamente y luego declarar con decisión que nuestro nuevo Código de Conducta Humana ya no se basará en la «moral», o en lo que hemos decidido arbitrariamente que *Dios* quiere y ordena, sino en *lo que funciona y en lo que no funciona, dependiendo de lo que estemos tratando de hacer.*

Si estás intentando ganar la carrera en las 500 millas de Indianápolis, no sería «incorrecto» conducir a 280 km/h. Si estás intentando llegar al supermercado de tu barrio sin ponerte en peligro a ti mismo ni a los demás, puede que no quieras conducir tan rápido. Simplemente no funciona, teniendo en cuenta lo que estás intentando hacer. De hecho, no hay duda de que las señales de tráfico y los semáforos de tu zona dejan claro que ese comportamiento está prohibido.

Ahora bien, resulta difícil *reconocer abiertamente y utilizar* una medida tan práctica como Regla de Oro para el comportamiento humano. (De nuevo, hay que dejar claro que ya utilizamos esta regla —en realidad está *incorporada en nuestras leyes*—, pero no lo admitimos abiertamente). La dificultad estriba en que, entonces, la humanidad tendría que admitir ante sí misma que nuestra «regla de oro» se aplica de muchas maneras y, por lo tanto, no es una «regla» en absoluto, porque nosotros, como colectivo, no tenemos *ninguna claridad sobre lo que estamos tratando de hacer.*

Por ejemplo: no está bien «disparar primero y preguntar después». A menos que lo llames ataque preventivo y uses armas de destrucción masiva para defenderte de las armas de destrucción masiva de otra nación que, en realidad, ni siquiera estaban allí. O «tienes que mantener la posición», en cuyo caso el pensamiento de que podrías estar en peligro —porque te lancen una bolsa de palomitas o un teléfono móvil a la cara en un cine (donde, según las «reglas», ni siquiera deberías llevar un arma)— es defensa suficiente en un tribunal de Florida para disparar y matar a un hombre.

Exploraremos con claridad todo este concepto del «bien» y el «mal» moral en un capítulo posterior. Permanece atento a ello. Por ahora, has de saber que nuestras normas de comportamiento son muy dispersas porque la mayoría de los miembros de nuestra especie están completamente confundidos acerca de Quiénes Somos (nuestra verdadera identidad como seres sensibles) y Por Qué Estamos Aquí (la verdadera razón de la vida y el propósito de la experiencia individual y colectiva).

Y *esto se* debe a que la humanidad está totalmente equivocada sobre la realidad, la función, el propósito y la naturaleza de Dios.

16

OTRO MALENTENDIDO SOBRE DIOS: *NECESITAMOS EL PERDÓN DE DIOS PARA PODER ENTRAR AL CIELO*

Habiendo utilizado el criterio descrito en el capítulo anterior como medida de si una acción o elección es correcta o incorrecta, pero sin querer *admitir que* lo han utilizado —y, lo que es peor, sin tener ni idea de lo que realmente están tratando de hacer durante su tiempo en la tierra—, muchos seres humanos se sienten comprensiblemente preocupados por cómo los juzgará Dios a la luz de lo que, sin duda, es una larga lista de transgresiones.

Sin embargo, según exponen muchas religiones, miles de millones de seres humanos encuentran consuelo en la seguridad de que Dios perdonará incluso las peores ofensas. Una noción notable de la tradición judía es la *teshuvá*: la capacidad de arrepentirse y ser perdonado por Dios. En la doctrina católica se nos habla del sacramento de la Confesión. Otras religiones también enseñan que Dios nos perdonará.

Bajo ciertas condiciones.

El truco está en saber cuáles son esas condiciones... y luego, por supuesto, cumplirlas.

Los seres humanos han recurrido a la religión para que les diga cuáles son las condiciones, pero lo que complica las cosas es que parecen cambiar de una religión a otra. Por lo tanto, para miles de millones de personas, descubrir y pertenecer a la *religión correcta* se ha convertido en un asunto de extrema importancia, y no poca urgencia.

Un error en este sentido podría ser monumentalmente infernal.

*

Ahora viene el gran *¿Y si...?*

¿Y si Dios nunca nos perdonara nada?
¿Y si Dios considerara innecesario
todo el concepto del perdón?

¿Cambiaría algo? ¿Importaría? En el esquema general de las cosas, ¿tendría algún impacto significativo en nuestra experiencia planetaria?

Sí. Por supuesto que sí. El perdón es uno de los ejes de todas las tradiciones religiosas y, por tanto, del código moral de la mayor parte de las sociedades humanas. Si el perdón está fuera de lugar en los asuntos humanos (por no hablar de los asuntos de Dios), ¿cómo pueden los seres humanos esperar evolucionar más allá del resentimiento y la venganza?

A pesar de todo el énfasis que la religión pone en el perdón como herramienta de curación y restauración, el avance evolutivo que conlleva no se ha evidenciado masivamente. De hecho, en algunos aspectos, nuestra especie parece haber *vuelto atrás* en lugar de evolucionar. Hoy más que nunca, el resentimiento y la venganza parecen empañar nuestra experiencia colectiva. De hecho, a menudo la dominan.

Día tras día, semana tras semana, mes tras mes, los titulares de todo el mundo están llenos de historias de guerra, revueltas, represión violenta por parte de los gobiernos, crímenes de odio, impactantes asesinatos en masa, ataques de celos, demandas vengativas, políticos mordaces, rupturas dolorosas, crueldad despiadada, arrebatos rencorosos y comportamientos amargos.

Parece claro que el simple perdón no está frenando la marea. Se necesitará algo más, algo más poderoso, para detener el creciente uso de la violencia como herramienta para resolver agravios y frenar el apetito humano de venganza, aparentemente insaciable.

Sin embargo, ¿cómo se puede esperar que refrenemos nuestro deseo de retaliación y venganza cuando estamos rodeados de religiones cuyo propio credo declara: *Mía es la venganza, dice el Señor...*? ¿Debemos contenernos de una manera que ni Dios mismo se contiene?

¿Cambiaría la tendencia humana a albergar resentimientos y buscar venganza si se nos dijera que Dios nunca nos perdona nada porque no ve *necesidad de* perdonar, y si se explicara por qué?

Creo que la respuesta es obvia.

El mensaje de Dios al mundo

Dios nos ha estado diciendo desde el principio, y cada día nos resulta más claro, que la **Vieja Historia Cultural de la humanidad sobre el perdón es simplemente inexacta.**

Ahora está bien que eliminemos esta antigua enseñanza de nuestra historia y que dejemos de contárnosla a nosotros mismos y a nuestros hijos.

A medida que exploramos lo que se nos ha revelado sobre este tema, comenzamos a ver algunos elementos anteriores de la narración total que se ofrece en estas páginas. Dicha narración crea una línea lógica que nos ayuda a entender por qué Dios enviaría a la humanidad el breve mensaje —me habéis entendido mal— que se expone en este libro.

Observa con atención que estas piezas del rompecabezas —comentarios y observaciones que has escuchado antes— se entrelazan de manera aún más estrecha, tejiendo un patrón que revela la base de una comprensión general más amplia.

Ahora se nos invita a darnos cuenta de que, si bien el perdón puede ser una herramienta maravillosa durante el tiempo en el que uno reside en los niveles de conciencia humanos que experimentamos normalmente, en realidad puede ser un *obstáculo para nuestro desarrollo espiritual*.

En cuanto uno desea elevarse por encima de los niveles de conciencia habituales a una conciencia *más elevada* o *más expandida*, la idea del «perdón» como herramienta de crecimiento y curación desaparece casi de inmediato. La «comprensión» se convierte en la herramienta más eficaz y poderosa.

Dios nos ha dicho: *La comprensión reemplaza al perdón en la mente del Maestro*.

Nuestra alma sabe, y nos lo ha recordado aquí, que cada uno de nosotros es un Aspecto y una Individuación de la Divinidad. Como esto es verdad, nuestra alma no puede ser, y nunca ha sido, herida, dañada o lastimada de ninguna manera. Por lo tanto, nunca tenemos que perdonar a nadie por nada, pues cada experiencia de nuestra vida no ha hecho más que llevarnos adelante en el viaje evolutivo de nuestra alma. Así, cada experiencia es motivo de gratitud y celebración.

Y hay otra razón por la que el perdón es innecesario.

Puesto que todos *colaboramos* en producir nuestra experiencia externa, en el sentido espiritual ninguno de nosotros puede ser una víctima en la historia que cocreamos colectivamente. En el sentido humano puede parecer que lo somos, pero a medida que nuestra mente abraza la sabiduría del alma, nos damos cuenta de que no somos más víctimas de nuestra particular crucifixión de lo que Cristo fue de la suya.

En cuanto aceptamos que todos nosotros *somos* expresiones individualizadas de lo Divino, también nos damos cuenta de que nada puede sucedernos *a nosotros*, y todo debe estar sucediendo *a través de* nosotros.

Vemos que nuestra experiencia en la tierra está siendo cocreada por todos nosotros, en un proceso colaborativo que sirve a la intención de la Totalidad a través de la expresión y la experiencia de sus partes individualizadas.

A partir de nuestra comprensión total de Quiénes Somos, de dónde estamos y de por qué estamos aquí, en la tierra, experimentando la dimensión física, entendemos plenamente —como hizo Cristo— por qué ha sucedido cada cosa de nuestra vida.

De repente, conocemos la *razón* por la que otras personas han entrado en nuestra vida de maneras particulares —de formas que antes tal vez nunca hubiéramos perdonado—, porque ahora ya no estamos «mirando a través de un espejo oscuro», sino observando con los ojos del alma. Por fin conocemos la lógica del alma y el propósito celestial de cocrear todo lo que ha ocurrido, está ocurriendo y ocurrirá alguna vez en nuestra vida.

Para que quede claro: nuestra vida nos proporcionará las experiencias, los acontecimientos, las personas, las situaciones y las circunstancias que *nosotros mismos creamos para nosotros* de forma ideal y colaborativa como caminos hacia la autorrealización.

En cuanto la mente abrace el conocimiento del alma, veremos con una claridad asombrosa que todo lo que ha sucedido —cada una de las cosas—, no siempre ha ocurrido con nuestro acuerdo consciente y colaborativo, pero siempre de acuerdo con nuestra mutua petición espiritual, a fin de poder crear colectivamente las condiciones que nos permitan anunciar y declarar, expresar y completar, experimentar y convertirnos en Quienes Realmente Somos.

En estos momentos es cuando Dios «se hace carne y habita entre nosotros».

✳

Incluso hay una tercera razón por la que el perdón está fuera de lugar en la experiencia de aquellos que entienden, una razón a la que hemos aludido antes.

Lo pregunté antes y lo vuelvo a preguntar: cuando ese dulce niño pequeño derrama la leche al intentar alcanzar el pastel de chocolate, o cuando ese hermano mayor intenta «engañar» al menor para que reciba una porción más pequeña del pastel, ¿los sometemos a un castigo interminable? Por supuesto que no. Entendemos que los niños son exactamente eso: *niños pequeños*, incapaces de comprender plenamente sus acciones (y, a menudo, incluso de controlarlas).

Una vez más, para que no lo olvides: así es como Dios entiende nuestras mentes, y así es como todos estamos invitados a entendernos unos a otros. No solo a los niños de entre nosotros, sino a todos los hijos de Dios, sea cual sea su edad.

✳

Muchos siguen insistiendo en que Dios no perdona ciertas transgresiones, y en base a esta intransigencia justificamos la nuestra. Sin embargo, ¿no es Dios al menos tan compasivo y comprensivo con nosotros como nosotros lo somos con nuestros hijos? Y un Dios eterno, que existe a lo largo de miles de millones de años, ¿no entiende que los seres humanos, con una historia que no abarca ni la mitad de un suspiro en la vida del cosmos, *son* realmente hijos del universo?

No cabe duda de que, incluso si en el cielo existe la necesidad de la justicia divina (como insisten muchas religiones), Dios tendría esto en cuenta, puesto que sería Él Quien *nos llamaría* a rendir cuentas. Incluso los tribunales de justicia humanos declaran «inocente» a la persona que tiene su capacidad disminuida. ¿Es este un criterio demasiado elevado para nuestro Dios?

✳

Así que ahora nos preguntamos sobre el perdón: ¿es posible que nuestro entendimiento de Dios esté completamente equivocado?

Para empezar, ¿y si es *cierto* que no hay nada que nuestra especie «deba» hacer o dejar de hacer, cualquiera que sea su «edad» con respecto a la del universo? ¿Y si es *cierto que* Dios es un ser todopoderoso —de hecho, la *fuente de* todo poder— que no necesita ni requiere nada de los seres humanos? ¿Y si lo último que Dios necesita es buscar algún tipo de retribución o imponer algún castigo?

¿Y si Dios solo desea que seamos totalmente felices, que nos expresemos plenamente y que disfrutemos con alegría de la experiencia de la vida? ¿Y si Dios entiende que, dada nuestra inmadurez como especie, a lo largo del camino vamos a hacer cosas que etiquetaremos como errores, y algunas como errores atroces?

Dicho de manera simple: ¿podría ser que Dios sea al menos tan amable y cariñoso, compasivo y amoroso, generoso y comprensivo como nuestros abuelos?

Quizás nos convendría a todos considerar que esta es nuestra verdad:

La comprensión reemplaza
al perdón en la
mente del maestro.

✳

La nueva perspectiva espiritual que se abre en el despertar de nuestra especie nos invita a preguntarnos: ¿y si no fuéramos hijos de un Dios menor, sino hijos del Dios más misericordioso, maravilloso, sabio, generoso e incondicionalmente amoroso que podamos imaginar?

Esta es la verdad. Esta es la Realidad Última. Todo lo demás es una historia que nos hemos inventado. El perdón de Dios no es necesario porque Él nos entiende perfectamente a todos, y entiende cada uno de nuestros comportamientos. Dios nos ve a cada uno de nosotros, y todos nuestros comportamientos, como manifestaciones y demostraciones del proceso evolutivo de la vida.

No hay nada que perdonar cuando la comprensión plena reemplaza a una conciencia limitada del proceso de evolución. Y dicha comprensión surge del entendimiento profundo de que la unidad de toda la vida que evoluciona en cada forma es la expresión última de la divinidad.

17

OTRO MALENTENDIDO SOBRE DIOS: *DIOS TIENE UN PLAN PARA NOSOTROS*

Gran parte del mundo cree en un Dios que tiene en mente un plan particular para cada ser humano. Se dice que este Dios ha otorgado talentos y atributos específicos a cada uno de nosotros, equipándonos para llevar a cabo misiones particulares, desempeñar funciones discretas y cumplir distintos propósitos a lo largo de nuestra vida.

Nuestro trabajo consiste en averiguar cuál es ese plan y después en seguirlo lo mejor que podamos. O, en el mejor de los casos, «seguir el plan» a medida que se haga evidente a través de los acontecimientos de nuestros días y noches.

✳

Ahora viene el gran ¿Y si...?

¿Y si Dios no tiene un plan específico para ninguno de nosotros?
¿Y si Dios no tiene preferencias en cuanto
a cómo vivimos nuestra vida, o a lo que hacemos,

*en el sentido específico, con nuestros días
desde el nacimiento hasta la muerte?*

¿Cambiaría algo? ¿Importaría? En el esquema general de las cosas, ¿tendría algún impacto significativo en nuestra experiencia planetaria?

Sí. En primer lugar, nos aliviaría de la carga de tener que averiguar qué se «supone» que debemos hacer aquí y cómo. Podríamos poner fin a nuestra búsqueda, detener nuestra investigación, abandonar nuestra misión y dejar de construir nuestra realidad como una sagrada búsqueda de la sagrada tarea asignada por Dios.

Entonces, por fin, con plena conciencia y seriedad, podríamos comenzar el viaje para cuya realización vinimos a la tierra. No se trata del «plan» de Dios, sino del deseo del alma. Y esto siempre tiene que ver con lo que estamos *siendo*, no con lo que estamos *haciendo* en y con nuestra vida.

Si pensáramos que Dios no tiene en mente un plan específico para nosotros, podríamos prestar atención a lo que nuestra vida nos ofrece en cuanto a oportunidades de ser, en lugar de lo que creemos que Dios ha planeado para nosotros (ya sea para ser *o* para hacer). Y dejaríamos de ver ciertos sucesos, coincidencias y confluencias como «una señal Divina» de que ahora podemos seguir adelante con el «plan de Dios».

Asimismo, si pensáramos que no existe tal *cosa* como el plan de Dios para nosotros, podríamos abandonar muchas de las nociones religiosas, todas las ideas sobre la predestinación y las imaginaciones de que existe un plan oculto para nosotros en la mente divina, que Dios simplemente no nos transmite de manera obvia y clara (por razones que no son evidentes).

También podríamos dejar de matarnos unos a otros por la idea de que «el plan de Dios» es que debe existir sobre la tierra una nación que es el «pueblo de Dios», que cree en Dios y practica Su voluntad de una manera particular, aunque para crearla sea necesario matar a miles de personas.

El mensaje de Dios al mundo

Dios nos ha estado diciendo desde el principio, y cada día nos resulta más claro, que la **Vieja Historia Cultural de la humanidad sobre que Dios tiene un plan para nosotros es clara y sencillamente inexacta.**

Ahora está bien eliminar esta antigua enseñanza de nuestra historia actual y dejar de contárnosla a nosotros mismos y a nuestros hijos.

Si Dios tuviera un plan particular para cada ser humano en la tierra, o para la raza humana como colectivo, nos lo habría hecho saber hace mucho tiempo.

Dios no tendría ninguna razón para no decirte en términos claros, específicos y directos cuál es su plan para ti. ¿Por qué Dios idearía un curso de acción particular para cada individuo en la tierra y luego no se lo revelaría a nadie?

Y para los que dicen: «Dios *sí nos* dice cuál es su plan. Simplemente no *estamos prestando atención*», ¿es esta una afirmación de que Dios *habla* directamente a cada ser humano y simplemente no estamos escuchando?

También hay preguntas más amplias. Para empezar, ¿por qué tendría Dios un plan específico para cada individuo del mundo? ¿A qué propósito divino serviría eso?

¿No serviría a un propósito divino mayor que Dios simplemente suministrara el poder y proporcionara el mecanismo con el que todos los seres sensibles pudieran decidir, declarar, expresar y experimentar *por sí mismos* quiénes desean ser, en lugar de tener que seguir un plan establecido de antemano para cada uno de ellos?

Hay un propósito divino al que la vida sirve. Pero un propósito no es un plan. Un propósito es la *razón* por la que hacemos las cosas. Un plan es un esquema de las cosas que vamos a hacer.

Esta experiencia que todos estamos teniendo en la tierra no es solo una casualidad, no es simplemente lo último en una secuencia de eventos biológicos que ha durado un millón de años. Aquí está sucediendo algo más que limitarse a vivir la vida física sin ninguna razón, excepto la de completar un proceso que comenzó sin nuestra participación o acuerdo. Y ese propósito es mucho más amplio que el mero hallar y vivenciar una serie de sucesos planificados de antemano.

La intención de Dios es que todas las formas de vida en el mundo físico expresen la divinidad. Cada alma, como una individualización de la Divinidad, tiene una eternidad para hacerlo y un número infinito de formas de lograrlo.

El alma utiliza voluntaria e intencionalmente la vida en el plano físico como un medio para expresar y experimentar todos los aspectos de la divinidad que es posible experimentar. Estos aspectos son ilimitados y, por lo tanto, para poder experimentarlos, la vida misma no tendría que tener fin. Y así es.

Cada expresión física diferenciada de la vida infinita de un alma le ofrece a esta la oportunidad de seleccionar y expresar algún aspecto o aspectos que elija de su naturaleza divina. Así, el alma llega a cada vida con una intención, pero no con un plan. La intención del alma puede ser expresar y experimentar compasión, por ejemplo, o paciencia y comprensión. Pero el alma no viene a la vida física con una decisión predestinada de hacerlo convirtiéndose en enfermera, o escribiendo un libro sobre psicología humana.

Reitero que la intención es el motivo subyacente de una persona o grupo en particular. Y la intención tiene que ver con el propósito. El plan tiene que ver con el proceso. Es una forma específica de lograr un propósito, de llevar a cabo una intención. Dios y el alma tienen una intención, pero ni Dios ni el alma dictan ni planean cómo una persona particular debería cumplir, o va a cumplir, dicha intención.

Por lo tanto, no es «el plan de Dios» que una persona concreta sufra un accidente de coche de niño, o que experimente el divorcio de sus padres, o que se case tres veces, o que no tenga hijos, o que tenga cuatro hijos, o que contraiga leucemia, o que se mude a Nebraska, o que se convierta en un pintor famoso, o que conozca a la persona adecuada en el momento adecuado para avanzar en su carrera.

No es el «plan de Dios» que una persona particular sea sacerdote en lugar de jugador de fútbol profesional, o que otra sea el líder dinámico de un país en lugar de una dinámica estrella de la música country.

Se trata de la intención de Dios, que el alma lleva al plano físico, para que esa alma experimente los estados del Ser, cuya suma total equivale a la Totalidad que llamamos Dios. O, como hemos dicho antes:

La intención de Dios es que
todas las formas de vida en el Reino Físico
expresen la Divinidad. Cada Alma, como una Individuación
de la Divinidad, tiene una eternidad para hacerlo,
y un número infinito de formas
en las que puede

lograrse.

✳

¿Cuáles son estos estados de ser que representan las múltiples partes o aspectos de Dios? Dado que esta es la intención de nuestra alma, la vida nos invita a ser muchas cosas.

- Creativo, por ejemplo. O compasivo.
- Comprensivo, por ejemplo. O paciente.
- Útil, por ejemplo. O generoso.
- Amoroso, por ejemplo. O sanador.

Todos estos son estados de ser. Estos estados, y muchos más, pueden experimentarse en cualquier momento del Ahora eterno, de manera individual o simultánea.

Ahora puede que pienses: «¿Eso es *todo*? ¿En eso consiste la totalidad de la vida? Tenía la esperanza de *hacer* realmente algo. Algo que realmente *importara*. Algo que *marcara la diferencia*. Algo que contribuyera al bienestar de los demás y del mundo en general. Algo que me permitiera sentirme realizado».

Sin embargo, en eso consiste precisamente la intención de expresar y experimentar los estados del ser. Cuando examinamos la vida de cerca, nos damos cuenta de que cualquier cosa que podamos hacer con nuestra vida no es más que un acercamiento, un método, un proceso, un *impulso que* nos lleva a un estado de *ser.* Cada pensamiento, palabra y acción crea *ser* [*aseidad*]. Ese es su único propósito. Como se dice en *Conversaciones con Dios*: *cada acto es un acto de autodefinición.*

En cuanto a cómo puedes saber qué *estado de ser* ha elegido tu alma, simplemente ve qué te produce más alegría. ¿Qué impulso te llama? ¿Qué sentimiento te magnetiza más que ningún otro?

Cuando realmente interiorizas esto, puede cambiar toda tu vida. Y el paso siguiente después de esa comprensión es tomar conciencia de que lo que esperabas poder *ser* al *hacer* algo en particular y de una manera particular, puedes *serlo* de *múltiples* maneras.

Y *esa* se convierte en la mayor libertad de la vida. Sentirte libre de vivir como si se te exigiese una forma específica y particular de *hacer las cosas* para poder *ser lo* que tu alma desea profundamente *ser.*

Ahora el sendero hacia adelante está completamente despejado. Ahora puedes elegir el camino. Porque puedes *ser lo* que has elegido *ser* haciendo cualquier cosa, o no haciendo nada en absoluto. También puedes decidir *cambiar* lo que eliges ser simplemente cambiando de opinión al respecto. Y a medida que tomas el camino que te brinda la mayor alegría, por fin puedes *construir tu vida* en lugar de *ganártela.*

✳

Es verdad que a veces las cosas parecen encajar en nuestra vida con tanta perfección que sentimos la tentación de exclamar: «¡Es el plan de Dios!». O puede que las cosas *no* salgan como esperábamos o imaginábamos, y entonces decimos: «Dios tenía otros planes para mí».

Estas figuras retóricas nos revelan cuán profundamente se ha infiltrado en nuestra cultura la noción de que Dios tiene ideas específicas para cada una de nuestras vidas. Sin embargo, sería beneficioso no dejar que esas figuras retóricas se conviertan en conclusiones reales y objetivas sobre «cómo son las cosas». De lo contrario, sentiremos la tentación de dedicar mucho tiempo «a tratar de averiguar y descubrir lo que Dios tiene pensado para nosotros».

Mediremos cada matiz, cada energía y acontecimiento comprobando si sentimos que esto es lo que Dios tiene en mente para nosotros, cuando Dios no tiene nada en mente para nosotros en absoluto. No en el sentido de que tengamos un oficio o profesión concretos. Solo en el sentido de que usemos la vida para experimentar los aspectos más elevados y alegres de Quiénes Somos Realmente y Cómo Elegimos Ser.

De hecho, el propósito de la vida *en todas partes*, en *todas* sus formas, es expresar la divinidad, siendo el mundo físico el vehículo a través del cual Dios se experimenta a Sí mismo como todo lo que Él sabe que es.

Así es como esto se lleva a cabo: Dios se diferencia a Sí mismo y después da a sus múltiples y magníficas partes los medios para expresar la vida de diversas maneras, pero sin incluir instrucciones, direcciones, requisitos o planes específicos de ningún tipo para cada expresión individual.

✳

Las formas de vida del cosmos han sido imbuidas con diversos niveles de conciencia, o con lo que podríamos llamar autoconciencia. Esta capacidad innata de *conocerse a uno mismo* como una individualización de la Divinidad está presente en todos los seres sensibles, y cada uno de ellos la experimenta progresivamente a través del proceso llamado evolución.

La evolución hacia la plena experiencia y demostración de Quiénes Somos es el viaje en el que se ha embarcado cada alma, y la culminación de ese viaje se logra cada vez que expresamos nuestra noción más elevada de la Divinidad.

El proceso de la vida (en contraposición al «plan») es que todos nosotros simplemente *hacemos esto* de la forma que libre y espontáneamente elegimos, dadas las posibilidades que se nos abren a diario gracias a la creación colaborativa de todas las almas que cocrean con nosotros.

Completar el viaje del alma no es algo que se experimenta una vez, sino una y otra vez a lo largo de la manifestación continuada que es la vida misma, ahora y eternamente.

Para muchas personas, esto puede tener lo que parece ser un lado negativo. Los humanos están más cómodos cuando se sienten guiados. Les gusta que se les instruya, se les dirija, se les *diga qué* hacer. Como especie emergente, esta es su tendencia. Al igual que los niños, se sienten seguros cuando se trazan límites claros y se dan órdenes o mandatos específicos. Entonces, todo lo que tienen que hacer es *cumplir los requisitos* y se sienten libres. Esto explica la inmensa popularidad de la religión. Permite a los humanos seguir su profundo impulso interno hacia lo Divino *sin tener que averiguar cómo hacerlo*.

Por lo tanto, para algunas personas es una decepción aprender que Dios no tiene ningún plan para nosotros, ni instrucciones que darnos, ni directrices que debamos seguir, ni órdenes que cumplir. Puede ser liberador, y a la vez aterrador, darse cuenta de que la intención de Dios es que *nosotros mismos decidamos* quiénes queremos ser y cómo queremos demostrarlo, en lugar de pasarnos la vida intentando averiguar *cómo* descubrir lo que *Dios ha* decidido para *nosotros*.

Sin embargo, Dios es como el maestro de una clase de arte. Los mejores profesores de arte no dicen a los artistas en ciernes:

—Aquí tenéis el lienzo. Utilizad la próxima hora para crear. Pero aseguraos de que haya granate y una gran mancha naranja en el cuadro, y también de poner el naranja en la esquina superior derecha. Además, necesito ver un efecto tridimensional, y tiene que haber niños en primer plano y un teléfono en alguna parte.

El maestro sabe que el propósito de la educación no es poner algo *dentro del* alumno, sino sacar algo *de él;* no instruir, sino extraer. Y así, el maestro simplemente coloca ante el alumno todos los elementos (los lápices de dibujo, pinceles, pinturas al óleo, acuarelas y tintes) necesarios para trabajar con cualquier medio, y luego dice con una sonrisa:

—¡Crea con alegría!

—Pero ¿y si no lo hago bien? —protesta el tímido alumno.

—No hay forma de *no hacerlo* «bien» —asegura el maestro. *¡Esto es arte!*

18

OTRO MALENTENDIDO SOBRE DIOS: *DIOS HONRA LA ABNEGACIÓN, EL SUFRIMIENTO PROLONGADO (PREFERIBLEMENTE EN SILENCIO) Y EL MARTIRIO*

Muchísimas personas en el mundo comparten la idea de que Dios se complace cuando los seres humanos hacen un sacrificio personal, y cuanto mayor es el sacrificio, más se complace Dios.

Se nos dice que el placer de Dios proviene de saber que estamos «poniendo a los demás en primer lugar», incluso cuando afrontamos una gran pérdida personal, ya sea emocional, física o económica.

Además, se dice que Dios recompensa a los que sufren durante largo tiempo, sobre todo cuando lo hacen en silencio. Quejarse de alguna circunstancia o condición mancha y disminuye la valía que se ha ganado a través del sufrimiento en sí. De modo que para ganar un valor óptimo en el cielo, guárdate tu sufrimiento para ti mismo. Ese ha sido el mensaje básico.

Cuando era niño, las monjas de nuestra escuela parroquial nos decían que, si nos caíamos y nos hacíamos daño, debíamos «ofrecérselo a Dios».

El martirio en cualquiera de sus formas era, según nos enseñaban, la forma más elevada de sufrimiento, por la cual se nos concedía un lugar especial en el cielo. Y ser martirizado en nombre de Dios era lo más elevado de todo y tenía la mayor recompensa: la santidad.

No soy la única persona que ha recibido estos mensajes. Han permanecido mucho tiempo (aunque no exclusivamente) en la tradición cristiana.

✳

Ahora viene el gran *¿Y si...?*

¿Y si Dios no ofrece una recompensa
especial en el cielo por ningún comportamiento
en particular y, de hecho, quiere que sepamos
que el autosacrificio y el sufrimiento no tienen
por qué formar parte de la experiencia humana?

¿Cambiaría algo? ¿Importa? En el esquema general de las cosas, ¿tendría algún impacto significativo en nuestra experiencia planetaria?

Sí, seguramente lo tendría. Miles de millones de personas en todo el mundo dejarían de ver el autosacrificio y el sufrimiento a largo plazo como requisitos para recibir los más altos honores en el cielo.

Este cambio de comprensión eliminaría una enorme cantidad de tristezas y pérdidas humanas producidas por comportamientos autoinducidos, generados por personas que piensan que están complaciendo a Dios disgustándose a sí mismas.

Además, invalidar el «martirio en nombre de Dios» como «pasaje automático» al cielo significaría que suicidarse para matar a decenas de personas inocentes perdería sus *credenciales* espirituales. Haría imposible que los entrenadores de terroristas prometan a los jóvenes suicidas que, si salen y se inmolan en lugares públicos, serán recompensados con alegría eterna y veintidós vírgenes de ojos negros en el paraíso.

El mayor cambio que se produciría si los humanos estuvieran seguros de que el autosacrificio, el sufrimiento prolongado y el martirio no traen ninguna recompensa especial de Dios —y además Dios dice que nada de esto tiene por qué ser parte de la experiencia humana— es que la gente empezaría a preguntarse: «¿Por qué son tan habituales?».

La respuesta a esa pregunta es tan grande que, si se compartiera y viviera ampliamente, transformaría la vida de nuestra especie para siempre.

El mensaje de Dios al mundo

Dios nos lo ha estado diciendo desde el principio, y cada día nos resulta más claro, que **la Vieja Historia Cultural de la humanidad sobre Dios, que otorga los mayores honores al alma por el autosacrificio, el sufrimiento prolongado y el martirio, es clara y sencillamente inexacta.**

Ahora está bien eliminar esta antigua enseñanza de nuestra historia y dejar de contárnosla a nosotros mismos y a nuestros hijos.

El autosacrificio nunca es necesario, el sufrimiento no tiene por qué ser una parte habitual de la vida humana y el martirio «en el nombre de Dios» no le da a nadie un lugar especial ni los más altos honores en el paraíso.

Lo que llamamos «autosacrificio» es el resultado de que un ser humano evalúe que algo que está eligiendo hacer, de alguna manera le va a producir una pérdida o una lesión.

Lo que llamamos «sufrimiento» es el resultado directo de que un ser humano evalúe que no debería estar viviendo algo que está experimentando.

Lo que se llama «martirio en el nombre de Dios» es el resultado de que un ser humano evalúe que algo que está haciendo, y que le está produciendo un daño enorme (quizás incluso la muerte), agrada a Dios y, por lo tanto, generará recompensas proporcionales en el cielo que compensarán el daño experimentado en la tierra.

Todas estas valoraciones son inexactas.

Si analizamos estos conceptos uno por uno, vemos que, dentro de nuestra comprensión humana actual, puede ser perfectamente normal pensar que cuando uno hace algo por otra persona que le supone una gran molestia, y especialmente si se produce una gran pérdida emocional, física o financiera, uno está «sacrificándose por otro». Sin embargo, tal posición mental es inexacta y egoísta.

Sí, en lugar de sacrificarse, se está *haciendo un servicio interesado a sí mismo.*

La verdad es que nadie hace nada que no quiera hacer. A veces nos resulta útil hacer exactamente lo que queremos y luego decirnos a nosotros mismos (y a los demás) que «no tuvimos otra opción» o que lo hicimos «con un gran sacrificio personal». Así podemos sentirnos satisfechos y victimizados al mismo tiempo.

Todo lo que los seres humanos hacen voluntariamente, lo hacen por elección propia, por voluntad propia. Es cierto que algunas personas sienten que ciertas cosas *tienen que* hacerse, o que realmente *no hay* opción cuando uno está bajo coacción. Y dentro del contexto de la comprensión extremadamente limitada de la humanidad, ese punto de vista podría ser comprensible. Pero, en realidad, incluso «coacción» es solo una palabra elegante que significa «una situación en la que me enfrento a una condición que no deseo conscientemente, o a un resultado que, por mis propias razones, busco evitar».

Sin embargo, cuando eludes conscientemente una condición que no deseas, te estás sirviendo a ti mismo. Y si tratas de evitar algo por tus propias razones, entonces, cuando lo evitas, también está claro que te estás sirviendo a ti mismo. Esto no significa que tus razones no sean *buenas*, simplemente significa que la bondad de tus razones no las hace menos interesadas. De hecho, *es justo al revés.*

(Cuanto mejor sea tu razón para hacer o dejar de hacer algo, obviamente más está al servicio de ti mismo).

Sin embargo, nos han enseñado a pensar que todo lo que le sirve a uno mismo es «malo», por lo que preferimos decir que «no teníamos elección» en lugar de decir que sí la teníamos, y que elegimos cierta opción porque nos pareció la mejor, y por lo tanto, nos *sirvió.*

Incluso la decisión de hacer algo por otra persona a costa de un gran inconveniente o de una pérdida personal entra en esta categoría, o puedes estar seguro de que no se haría. Hay *alguna razón* por la que una persona toma la decisión de hacer algo extraordinario por otra, incluso a su propia costa o asumiendo un riesgo.

Quizás la razón es que le hace sentirse bien. Quizás la razón es que le aporta una experiencia directa del tipo de persona que se ve siendo, o que desea ser. Quizás le permite sentirse fiel a un principio vital con el que se ha comprometido, o a una obligación que siente de verdad, o a una promesa que ha realizado.

Todas estas razones, y muchas más que se podrían mencionar, sirven al interés último del yo. *Y no hay nada de malo en ello.* Lo que no es beneficioso es servir al yo y luego decirse a uno mismo (y a los demás) que no es eso lo que se está haciendo.

✳

Vemos, pues, que el verdadero sacrificio personal no es posible, pero *el falso* sacrificio personal *sí lo es*, dentro del limitado marco de la comprensión de la mayoría de los seres humanos. Sin embargo, nuestra conciencia más amplia —la conciencia del Alma— nos dice exactamente por qué hacemos todas las cosas... y la razón *siempre está* al servicio de la intención de quien las hace, por lo tanto, siempre está al servicio del yo. Además, *así es como debe ser,* porque el propósito mismo de la vida es permitirnos «mostrar» a cada momento la versión más grandiosa de la mayor visión que hayamos tenido alguna vez de Quiénes Somos.

Cuando tenemos esto claro, eliminamos la posibilidad de sentir ira o resentimiento hacia cualquier otra persona y hacia cualquier cosa que hayamos hecho por ella, que podamos estar haciendo ahora o que pensemos que «tenemos que hacer».

Ya no podemos sentirnos víctimas de otro, ni siquiera por propia elección. Estamos invitados a reclamar nuestro lugar como el poderoso ser sensible que somos, viendo claramente todas las opciones y resultados que tenemos ante nosotros en cualquier momento dado, y eligiendo claramente los que nos sirven de la mejor manera.

Lo que puede que nos falte aquí —una comprensión que lo cambiaría todo si la viéramos con claridad— es que todo servicio a uno mismo es un servicio a la totalidad. Puede que todos los miembros de una especie necesiten un nivel de pensamiento más profundo para «entender» esto, pero todos los miembros de todas las especies acaban entendiéndolo. En última instancia, en un momento determinado del desarrollo evolutivo de una especie, esto queda claro como el cristal:

Todo servicio a uno mismo es un servicio a la totalidad.

Hay múltiples razones por las que esto es cierto, como quedará claro antes de que concluya esta narración.

❋

La lente de la comprensión humana está nublada en el mejor de los casos, y totalmente oscurecida en nuestros peores momentos, debido a que nuestra especie es extraordinariamente joven (para repasar esta comprensión, remítete al capítulo 11). Nuestra inmadurez se revela y demuestra cuando, al enfrentarnos a un dolor físico o emocional intenso, sentimos que «esto no debería estar sucediendo» y que, de alguna manera, su ocurrencia es una «violación» del contrato humano.

Una inversión de esta simple evaluación puede eliminar el «sufrimiento» de la experiencia humana. Aunque este cambio de opinión no borre el dolor, lo transmuta, convirtiéndolo en algo que podemos afrontar con un mayor grado de aceptación pacífica y ecuánime, y ciertamente con mucha menos objeción u oposición, si es que la hay.

Es la objeción o la oposición lo que crea la frágil rigidez que produce el sufrimiento y lo prolonga. Porque, como nos dice

Conversaciones con Dios: «Aquello a lo que te resistes, persiste, y aquello a lo que miras, desaparece. Es decir, deja de tener su forma ilusoria».

Un ejemplo clásico de esto puede ser el de una mujer en el parto. Ella siente dolor, pero si renuncia a cualquier oposición al mismo, puede reducir el «sufrimiento», y a menudo eliminarlo por completo. Incluso puede, mediante este recurso, *reducir el dolor en sí*.

Hay quienes entienden esto muy bien, y ven el dolor como una parte natural de todo proceso de parto. No solo en el nacimiento de un bebé, también en el surgimiento de un aspecto nuevo y mayor del Ser.

En los niños, a menudo llamamos a estas experiencias «dolores del crecimiento». Y son exactamente las mismas en los adultos.

Algunos pueden admitir que esto es así, pero ¿deben estos «dolores del crecimiento» continuar toda la vida? ¿Nunca habrá alivio de esta experiencia continua y recurrente? ¿Debe el camino humano ser una carrera sin fin a través de pequeños valles de felicidad hasta la siguiente montaña de dolor físico o emocional?

No. No tiene por qué ser así. Los pequeños valles de felicidad pueden convertirse en extensas llanuras de alegría. La balanza de la vida no tiene por qué inclinarse demasiado hacia el malestar físico o emocional. E incluso si cierto dolor físico es crónico, el abandono o la prohibición de la alegría no acompañan necesariamente a esa condición.

Muchas de las personas que experimentan dolor físico crónico han descubierto que, a pesar de él, la alegría y la felicidad son la circunstancia predominante de su vida. Las personas que sufren un dolor emocional continuo también han descubierto que existen formas eficaces de mejorar esa condición, y que no tienen por qué renunciar automáticamente al deleite, al placer y a la alegría en su existencia.

✳

Es muy sorprendente observar hasta qué punto una actitud de no combatir ni oponerse al dolor puede empezar a inmunizar a la persona contra sus peores estragos. La decisión subjetiva o interna de una persona puede afectar y afecta a su experiencia objetiva o externa. No hay ningún psicólogo en el mundo que esté en desacuerdo con esto.

La metafísica va un paso más allá. Dice que la percepción interna que una persona tiene de un acontecimiento puede *cambiar el acontecimiento en sí.* En otras palabras, una actitud positiva ante cualquier suceso negativo puede transformar el suceso en sí, *incluso mientras está ocurriendo.*

¿Cómo es posible?

Es posible porque todo en la vida es energía. Y *la energía afecta a la energía.* Es un fenómeno que repercute sobre sí mismo. La ciencia contempla esto a través de la física cuántica, que postula, como hemos señalado anteriormente, que *nada de lo que se observa deja de quedar afectado por el observador.*

Esto es ciencia pura, no abracadabra.

Así que, aquí, vamos a destacar esta intrigante afirmación una vez más para que puedas captar todo su impacto:

> *La decisión subjetiva o interna de una persona*
> *puede afectar, y de hecho afecta,*
> *a su experiencia objetiva o externa.*

Dentro de este contexto se afirma que el sufrimiento prolongado no tiene por qué formar parte de la condición humana. Dios no solo no lo recompensa específicamente, sino que nos promete que ni siquiera es necesario.

Además, debe quedar claro que Dios no ofrece una recompensa especial por perjudicar nuestra felicidad de una manera irreversible, y tampoco por poner fin a la propia vida mediante un acto calificado como «martirio en nombre de Dios». El acto de quitarnos la vida junto a la de otros, considerado el objetivo de tal «martirio», tampoco es ni será nunca recompensado con honores especiales o un trato especial en el paraíso.

Hay quien imagina que, si se suicida en un acto de terrorismo que mata a otros, obtendrá una «recompensa» única, distinta y exclusiva en la otra vida. Sin embargo, descubrirá que no le espera tal premio.

A diferencia de lo que ocurre en la tierra, en el cielo todos recibimos el mismo trato. A nadie se le eleva por encima ni se le coloca por debajo de otro, sin importar lo que haya hecho o dejado de hacer durante su vida física, y las maravillas del más allá no son premios al mérito que tengan que ganarse.

En pocas palabras: el cielo no es una meritocracia. Las alegrías del reino espiritual, al igual que las del físico, son los dones de la vida misma, que han sido creadas por Dios con alegría, y se dan gratuitamente a todos.

✳

La doctrina de un Dios que reparte recompensas en el cielo en función de la calidad y el contenido de la «actuación» que uno haya tenido en la tierra reduce todo el magnífico proceso de la vida a la monótona mecánica de una meritocracia mundana.

Asimismo, este dogma confunde el concepto de reencarnación, ya que si nuestro estatus particular en el cielo es una «recompensa» por un comportamiento ejemplar en la tierra, ese estatus tendría que revisarse con cada sucesiva encarnación, lo que plantea una pregunta casi tonta: ¿aumenta o disminuye la «posición» de uno en función de los «logros» o «fracasos» de su encarnación más reciente?

No.

El cielo no es una meritocracia.

Es hora de abandonar la noción de un Dios que admira, honra y recompensa el autosacrificio más que el autoservicio, el sufrimiento prolongado más que la vida alegre, y el martirio más que la diversión.

Ya hemos vivido el tiempo suficiente con nuestro concepto infantil de un Dios que ha llegado a decir que incluso la música y el baile son «malos», que el sexo sin intención de procrear es lujurioso y bestial, que la gloriosa celebración de uno mismo vale menos que la abnegación continuada. Y que renunciar a algunas de las mayores alegrías de nuestra corta vida en la tierra es lo que nos hace merecedores de las mayores alegrías de la vida eterna en el paraíso.

Ya hemos vivido el tiempo suficiente con nuestra idea infantil de un Dios que establece «reglas» para el comportamiento humano, que dictan lo que podemos o no podemos comer, lo que podemos o no podemos vestir, lo que podemos o no decir y creer. Estas construcciones teológicas insulsas y pueriles no tienen nada que ver con la Realidad Última.

O, como dijo irónicamente un observador: «No más Jonás y la ballena».

19

OTRO MALENTENDIDO SOBRE DIOS:
DIOS A VECES RESPONDE A NUESTRAS ORACIONES Y A VECES NO

Gran parte del mundo cree en un Dios que escucha nuestras oraciones, y a veces nos da lo que pedimos y otras veces no.

Esta concepción de la Deidad sostiene que Dios tiene *razones* para conceder o denegar nuestros deseos en cualquier ocasión concreta.

A veces (se dice), lo que queremos para nosotros no es lo que Dios sabe que es «bueno para nosotros», por lo que no lo obtenemos.

A veces (se dice), hemos pecado tanto que Dios no nos considera «merecedores» de que se responda a nuestra oración.

A veces (se nos dice), Dios nos da todo lo que hemos pedido y más, presumiblemente porque *es* bueno para nosotros y nos lo merecemos.

*

Ahora viene el gran *¿Y si...?*

*¿Y si Dios no concede
ni niega las oraciones de nadie?
¿Y si un acontecimiento o una condición esperada
se manifiesta en nuestra vida por otra
razón completamente distinta?*

¿Cambiaría algo? ¿Importa? En el esquema general de las cosas, ¿tendría algún impacto significativo en nuestra experiencia planetaria?

Sí. De hecho, esto nos ofrecería la oportunidad de realizar el mayor avance en la historia de la humanidad. Por fin podríamos descubrir, como especie global, el Proceso de Creación y la alquimia del universo (un método aparentemente mágico de transformación o creación).

Si pensáramos que hay otra razón por la que en nuestras vidas se manifiesta un resultado particular en lugar de otro —una razón que no tiene *nada* que ver con nuestra valía ni con la validez de nuestra petición—, pondría fin a nuestro impulso aparentemente interminable, y con demasiada frecuencia despiadado, de complacer a Dios para que responda a nuestras oraciones. Además, pondría en marcha un esfuerzo mundial para descubrir cuál es esa razón.

¿Por qué *se producen* en nuestra vida los acontecimientos o condiciones que esperamos si no es el «ánimo» de Dios el que determina si se conceden nuestros deseos? ¿Cómo ocurren los milagros? ¿Qué hace que los sueños se hagan realidad? ¿Y qué causa que no se hagan realidad?

Si los humanos pensáramos que Dios no concede ni niega las oraciones de nadie —sino que simple y amorosamente ha puesto en marcha un *proceso* de manifestación que no depende de que estemos en «gracia de Dios» o de que nuestra petición sea «buena» para nosotros—, sin duda muchos humanos dejarían de rezar.

Y podrían pensar: ¿qué sentido tiene orar si pedir a Dios lo que queremos y necesitamos no es una forma de producirlo? Así, esta sería una segunda razón por la que la humanidad pondría fin a la Teología de la Súplica, y la reemplazaría por la Teología de la Aplicación: *aplicar* el poder de Dios a nuestra vida, en lugar de *suplicar* que sea aplicado en ella.

Si nuestra especie decidiera *en masa* que Dios no concede ni niega personalmente las oraciones, sino que nos ha dado a todos un mecanismo por el cual nuestros deseos pueden manifestarse, las religiones mismas se verían drásticamente afectadas. Algunas incluso podrían desaparecer. Las que permanecieran, verían sus misiones alteradas significativamente. Seguirían presentándose como caminos hacia la paz, la alegría y el paraíso, pero proporcionarían una visión de cómo tales experiencias pueden ser *manifestadas* en lugar de *solicitadas*. (Lo último es una petición, lo primero una llamada a la manifestación. Hay una gran diferencia).

Sin embargo, si las oraciones de súplica desaparecieran, tendría que surgir algo que las reemplazara como herramienta para generar los resultados esperados a medida que los humanos se enfrentan a los desafíos cotidianos de la vida en la tierra. Y *sí* que surgiría algo.

La verdad.

El mensaje de Dios al mundo

Dios nos ha estado diciendo desde el principio, y cada día lo tenemos más claro, que la **Vieja Historia Cultural de la humanidad sobre que Dios concede o deniega personalmente**

las oraciones de los seres humanos es clara y sencillamente inexacta.

Ahora está bien eliminar esta antigua enseñanza de nuestra historia y dejar de contárnosla a nosotros mismos y a nuestros hijos.

Sin embargo, no es necesario reducir el papel de Dios en nuestra vida. De hecho, sería bueno *aumentarlo*. Pero si Dios no dice personalmente «sí» o «no» a nuestras oraciones, ¿por qué molestarse en aumentar el papel de Dios en nuestras vidas?

Porque es el *poder* de Dios, no la *disposición* de Dios, lo que produce la manifestación de los deseos del ser humano.

Esta frase es lo suficientemente importante como para destacarla.

> *Es el poder de Dios, no la disposición de Dios,*
> *lo que produce la manifestación*
> *de los deseos del ser humano.*

Esto significa que lo que determina el resultado de nuestra oración no es si contamos con el favor de Dios, o si Dios piensa o deja de pensar que conceder una petición particular sería «bueno» para nosotros. No es el estado de ánimo de Dios, sino el amor de Dios, lo que produce la asombrosa circunstancia de que *todas nuestras oraciones se concedan todo el tiempo*.

El problema no es que Dios a veces diga sí y otras veces diga no a nuestras oraciones, el problema es que no sabemos qué *es* la «oración».

Si cuando éramos niños alguien nos hubiera explicado qué *es* la oración, habríamos descubierto que *todas* nuestras oraciones son respondidas todo el tiempo.

La oración es una aplicación, no una súplica... y la mayoría de nosotros pensamos que es al revés.

La oración no es más que la energía de Dios, *enfocada*. Por supuesto, si no crees en Dios, podría ser psicológicamente más difícil enfocar Su energía. Por eso se ha dicho antes que tal vez quieras que Dios forme parte de tu vida, incluso si dejas de rezar al antiguo estilo de la súplica.

La energía de Dios no está disponible para nosotros solo bajo ciertas condiciones (como cuando Dios está de acuerdo con nuestra oración o cuando estamos en «gracia» de Dios). La energía de Dios vive *en* nosotros, *como* nosotros, y se manifiesta *a través de* nosotros cada hora de cada día, lo sepamos o no, y lo queramos o no.

No tenemos elección al respecto, porque la energía de Dios, que es el poder que hay detrás de la creación, no se puede encender ni apagar. *Siempre* está encendida, en todo momento. De hecho, es Lo Que Somos.

Cada uno de nosotros somos una manifestación de la energía de Dios, y la forma en que *usamos la* energía que *somos* determina cómo experimentamos la vida que vivimos.

Todo esto comenzará a cobrar sentido si seguimos repasando esta afirmación: la vida misma no es más que energía que vibra a frecuencias particulares y diversas. La energía vibrando a ciertas frecuencias produce manifestaciones físicas en forma de objetos, situaciones, circunstancias y acontecimientos. Esto ocurre porque la energía atrae a la energía. La energía impacta sobre la energía. Dos energías producen una tercera. Y así va la cosa, a lo largo de toda la vida.

Recuerda siempre...

Somos una manifestación de la energía de Dios,
y la forma en que utilizamos la energía que somos
determina cómo experimentamos la vida
que vivimos.

✳

Permitidme mencionar aquí lo que expliqué en un pasaje del libro *Happier Than God.* El aspecto atrayente de la energía responde no solo a lo que deseamos, sino también a lo que tememos. No solo a lo que deseamos atraer *hacia nosotros*, sino también a lo que deseamos alejar. No solo a lo que elegimos conscientemente, sino también a lo que seleccionamos inconscientemente.

«Seleccionar» dentro de «el campo de las posibilidades infinitas», tal como mi amigo Deepak Chopra lo llama, es un procedimiento delicado. Es una cuestión de en qué nos centramos, *lo queramos o no*, lo hagamos *conscientemente o no.*

Por ejemplo, si tu mente está enfocada en duplicar tus ingresos en el próximo año, pero tienes un pensamiento posterior —la próxima hora o el próximo día— de que será casi imposible conseguirlo, y te dices a ti mismo: «¡Oh, vamos, sé práctico! Al menos elige un objetivo que puedas *alcanzar*», entonces has seleccionado esta última idea —*ya sea que tú la quieras o no*—, porque el interruptor de tu poder siempre está ENCENDIDO. La creación personal siempre está en marcha.

Esto no solo funciona para tu pensamiento o idea más reciente, sino también para aquella que tienes con más frecuencia, y a la que le das más concentración y energía emocional.

Lo anterior explica por qué algunas personas que intentan utilizar la llamada Ley de Atracción, o las formas tradicionales de oración, para conseguir algo que desean desesperadamente, a menudo se encuentran con lo que llaman fracaso. Entonces dicen: «¿Ves? ¡Esto no funciona!».

En realidad, el proceso está funcionando a la perfección. Si deseas algo desesperadamente y te repites a ti mismo *¡quiero eso!*, estás anunciando al universo que ahora no lo tienes.

(A menos que estés usando la palabra «querer» como una simple figura retórica. La mayoría de la gente no lo hace. Cuando la mayoría de la gente dice que «quiere» algo, deja muy claro que es porque está experimentando que ahora no lo tiene).

Mientras mantengas ese pensamiento, *no podrás* tenerlo, porque no puedes experimentar por un lado lo que por el otro estás confirmando que *no tienes*.

Pongamos un ejemplo, la afirmación «Quiero más dinero» puede que no atraiga el dinero hacia ti, y en realidad puede alejarlo. Esto se debe a que el universo solo tiene una respuesta en su vocabulario: «Sí».

Responde a tu *energía.* Escucha sobre todo *lo que sientes.*

Si dices constantemente: «¡Quiero más dinero!», Dios dirá: «¡Sí, lo quieres!». Si piensas: «¡Quiero más amor en mi vida!», Dios dirá: «¡Sí, lo quieres!».

El universo «siente tu energía» en torno a la cuestión del dinero o el amor, o cualquier otra cosa, y si tu energía conlleva una sensación de carencia, *es a esa energía a la que el universo responderá.* Y *producirá más de eso.* El universo es una gran fotocopiadora. Duplica lo que se le pone.

Aquí estamos hablando de *poder.* Estamos hablando del poder de la oración. Pero la oración es más que simplemente lo que pedimos. La oración es cada uno de nuestros pensamientos, palabras y acciones. De hecho, en realidad pedir algo es el camino más débil para conseguirlo, porque pedir algo es afirmar que *ahora no lo tienes.*

Dicho de otra manera, tu energía tiene el poder de un imán. Recuerda que incluso el sentimiento (en realidad, *sobre todo* el sentimiento) es energía, y en materia de energía, lo similar atrae a lo similar.

La idea es empezar a aplicar el poder de Dios, no suplicar a Dios para que use Su poder. Dios nos invita a utilizar el poder confirmador de la oración. ¿Cómo? ¿Cómo se hace esto? Bueno, veamos un ejemplo: «Gracias, Dios, por enviarme a mi pareja perfecta». Aquí hay otro ejemplo: «Todo el dinero que necesito está llegando a mí ahora». Y esta es mi oración favorita: «Gracias, Dios, por ayudarme a comprender que este problema ya está resuelto».

Este cambio de la súplica a la aplicación puede ser milagroso. No se trata de afirmaciones. Son *confirmaciones.* Hay una gran diferencia. Una afirmación intenta producir un resultado o una experiencia. Una confirmación anuncia que el resultado ya se ha producido.

※

El mismo día que estaba preparando este capítulo, recibí el siguiente correo electrónico en respuesta a un artículo que había escrito sobre este tema.

«Querido Neale», decía la carta, «me cuesta creer que Dios/mi alma sea tan literal en cuanto a [la palabra] «querer». ¿No sabe Dios/mi alma lo que realmente quiero/pretendo? Dios te bendiga, Gerry».

Le respondí:

Querido Gerry [...] No se trata de que Dios, o tu alma, sean tan «literales» en cuanto a [la palabra] «querer». Se trata de cómo *funciona el* Mecanismo de la Creación.

Estamos hablando de *un mecanismo*, no de un Ser en el cielo que te interpreta literalmente o no. Se trata de una *máquina* que funciona en función del combustible que se le pone. Es una fotocopiadora, y no tiene preferencia en cuanto a lo que duplica. Tampoco trata de *interpretar lo* que su dueño quiere copiar. Simplemente duplica la energía que se le introduce. En este sentido, es como un ordenador. Seguro que has oído este acrónimo: GIGO. Significa: *Garbage In, Garbage Out (basura que entra, basura que sale).*

Uno de los grandes malentendidos de los humanos es que Dios tiene una preferencia en cuanto a cómo cada uno de nosotros experimenta la vida. Dios nos ama, seguro, pero no tiene tal preferencia, al igual que tú no tienes preferencia en cuanto a si tus hijos juegan a la mancha o al escondite cuando salen al patio trasero. Todo lo que quieres que sepan es que estás ahí si te necesitan. Lo mismo ocurre con Dios.

Hay siete mil millones de seres sensibles en este planeta, y este planeta es uno de los setenta billones de billones de planetas del cosmos. Para hacer funcional esta vida asombrosamente expansiva, Dios ha puesto en marcha un aparato espectacular, y su funcionamiento no tiene nada que ver con la preferencia personal de la Deidad. Tiene que ver con la genialidad de la Deidad.

La genialidad del sistema es que es Energía Pura, que reacciona a la Energía reproduciendo en forma física lo que le aportan todos los seres sensibles en forma de pensamientos, palabras y acciones, que a su vez se basan en lo que los humanos llaman «sentimientos»... que, a su vez, son simplemente otras formas de energía.

¿Te haces una idea?

Dios no responde a algunas oraciones y deja de responder a otras. Dios responde a *todas las* oraciones, enviando al Colectivo la Energía que duplica lo que el Colectivo está pensando/diciendo/haciendo/sintiendo. Dios también lo hace de forma individual con cada fuente de energía emitida. (Es decir, con cada ser humano y cada criatura sensible del universo).

¿Es esto bastante notable? Sí. ¿Es el resultado de la preferencia personal de Dios en cuanto a lo que se manifiesta momento a momento en el cosmos? No.

※

Al usar la Energía de Dios, la palabra «yo» es la llave de encendido de la creación. Lo que sigue a la palabra «yo» *gira* la llave y pone en marcha el motor de la manifestación.

Por lo tanto, cuando «parece que» la Creación Personal no está funcionando, es solo porque la Energía Primordial te ha traído lo que *seleccionaste inadvertidamente,* en lugar de lo que pensaste que habías elegido.

Si el poder no estuviera siempre ENCENDIDO, si el proceso no funcionara siempre, podrías tener un solo pensamiento muy positivo sobre algo y ese resultado se manifestaría sin falta en tu realidad. Pero el proceso funciona todo el tiempo, no solo parte del tiempo, y se alimenta de aquello que sientes más profundamente, más consistentemente. Así que no es probable que un solo pensamiento muy positivo en un torbellino de ideas y proyecciones no tan positivas produzca el resultado deseado.

El truco está en mantenerse positivo en un mar de negatividad. El truco está en saber que el proceso está funcionando incluso cuando *parece que* no es así. El truco está en «no juzgar por las apariencias». El truco está en permanecer en el espacio de gratitud con cada resultado y experiencia, cada circunstancia y situación.

La gratitud elimina la negatividad, la decepción, el resentimiento y la ira. Y cuando estas emociones desaparecen, se deja espacio para que reaparezca la energía del amor por Dios, por la vida y por uno mismo, ahora más plenamente que nunca.

¡Qué Dios tenemos! Qué deidad la nuestra, que ha creado un proceso tan infalible, magnífico y milagroso que nos permite anunciar y declarar, expresar y cumplir, experimentar y llegar a ser Quienes Realmente Somos.

20

OTRO MALENTENDIDO SOBRE DIOS: *DIOS ESTÁ DE NUESTRO LADO*

Una de las ideas más comunes sobre Dios es que está de nuestro lado. Dios está de nuestra parte. Dios *nos concede* favores porque contamos con el favor *de Dios*.

Nos hemos dicho a nosotros mismos que cuando vamos a la guerra, Dios está de nuestro lado. Cuando matamos a miles de personas en actos de terrorismo, Dios está de nuestro lado. Cuando luchamos por hacer de nuestra religión la religión dominante sobre la faz de la tierra, Dios está de nuestro lado. Cuando creamos un nuevo país, Dios está de nuestro lado. Cuando intentamos destrozar un país antiguo, Dios está de nuestro lado. Cuando iniciamos una revolución social, política o económica, Dios está de nuestro lado.

Y especialmente cuando buscamos defendernos, Dios está de nuestro lado, por eso a todos los ataques se les llama defensas. ¿Te has dado cuenta? Nadie dice nunca que está atacando a otro. A todos los ataques se les llama defensivos, y por lo tanto están justificados.

✳

Dios también está de nuestro lado en los asuntos positivos. Nos decimos a nosotros mismos que tuvimos éxito en una campaña electoral porque Dios está de nuestro lado. Conseguimos ese gran contrato porque Dios está de nuestro lado. Llegamos a la boda a tiempo, a pesar de que había un atasco enorme, porque Dios está de nuestro lado.

Espera, se vuelve aún más trivial que eso. Metimos el gol de la victoria en la Copa del Mundo porque Dios está de nuestro lado. Hicimos el carrera ganadora [en el juego de béisbol] al final de la novena entrada porque Dios está de nuestro lado.

Ganamos la primera base y nos dirigimos a la segunda apuntando al cielo con un victorioso dedo índice para que todos *sepan* que Dios es el responsable de la hazaña. Nos arrodillamos y hacemos la señal de la cruz después de eliminar a un contrario para dejar claro que alabamos y agradecemos nuestro éxito a Dios.

A Dios le importa quién gana el partido.

Ese es el mensaje, alto y claro.

A Dios le importa.

A Dios le importa si el pase en el área pequeña se completa o no. A Dios le importa si anotas una carrera o si te eliminan. A Dios le importa si obtienes la mayoría de los votos o no. Dios está de tu lado, no del otro. Si Dios estuviera del *otro lado, ellos ganarían*. Si Dios estuviera del lado de *todos*, habría un empate. Cada partido terminaría en empate. Cada esfuerzo llegaría a un punto muerto.

Afortunadamente, no es así. Dios quiere que *tu bando* gane la guerra. Dios quiere que *tu idea* gane miles de euros. Dios quiere que *tu plaza de aparcamiento* esté allí esperándote.

Sí, el mensaje está claro. Y cada uno de nosotros puede decirlo sin ver ninguna contradicción. *Dios está de nuestro lado.*

*

Ahora viene el gran *¿Y si...?*

¿Y si Dios no está del «lado» de nadie?
¿Y si a Dios no le importa quién «gana»,
quién «pierde», quién tiene «la razón», quién «se equivoca»,
quién «triunfa», quién «fracasa» o quién
hace o deja de hacer cualquier cosa en absoluto?

¿Cambiaría algo? ¿Importa? En el esquema general de las cosas, ¿tendría algún impacto significativo en nuestra experiencia planetaria?

Sí, obviamente lo tendría. En este momento, miles de millones de personas están *seguras* de que Dios está de su lado, y no podría haber un pensamiento más peligroso que ese.

Esta idea ha dado lugar a más acciones que han causado más miseria a más personas que casi cualquier otra. La mayoría ignora la arrogancia espiritual de esta idea, que parece querer eludir la conclusión obvia de que si Dios está de su lado, entonces, *de hecho*, no debe estar del otro.

Esto presenta a Dios como una Deidad que elige ganadores y perdedores, declara que ciertas ideas son dignas o indignas, etiqueta las decisiones como justas o injustas, califica a los países como buenos o malos, designa que las religiones son correctas o incorrectas, dice que las personas están salvadas o condenadas, y tiene todo tipo de preferencias y prioridades, inclinaciones y predilecciones, aficiones y parcialidades.

Y, por supuesto, si Dios está de nuestro lado, entonces sus preferencias y prioridades, inclinaciones y predilecciones, tendencias y parcialidades, concuerdan con las nuestras.

El mensaje de Dios al mundo

Dios nos ha estado diciendo desde el principio, y cada día nos resulta más claro, que **la Vieja Historia Cultural de que Dios está de nuestro lado es, simple y llanamente, inexacta.**

Está bien eliminar esta antigua enseñanza de nuestra historia actual y dejar de contárnosla a nosotros mismos y a nuestros hijos.

Es importante entender que Dios no fue hecho a imagen y semejanza del ser humano. Es al revés. El ser humano está hecho a imagen y semejanza de Dios.

Sería maravilloso si esto pudiera escribirse en las vallas publicitarias de todo el mundo:

> *Dios no fue hecho a imagen*
> *y semejanza del ser humano.*
> *Es al revés.*

Esto significa que los seres humanos somos divinos, cada uno tiene todas las cualidades de la divinidad dentro de sí. Lo cual *no quiere* decir que Dios tenga cualidades humanas. Así que a Dios no le gustan más los Dodgers de Los Ángeles que los Braves de Atlanta. Y Dios no quiere que tu país gane la Copa del Mundo más de lo que quiere que la gane cualquier otro país.

Dios no espera que tu nación salga victoriosa en la guerra en lugar de la nación contra la que luchas. Dios no apoya a los revolucionarios del mundo más de lo que apoya a los gobiernos. Dios no se alinea con los valores del Partido Republicano más que con los del Partido Demócrata.

Ya es hora de que los seres humanos dejen de creer en un Dios de preferencias. Primero, tuvimos que dejar de creer en el

Dios de las marcas, ahora añadimos a esa lista a nuestro Dios de las preferencias.

Desbaratando algunas de las ideas realmente fundamentales adoptadas por mucha gente, ya es hora de aceptar que Dios no sostiene que las mujeres no deben ser miembros del clero, que a los gays no se les debe permitir casarse o que a los no cristianos no se les debería permitir entrar en el cielo.

Por difícil que sea para algunas personas imaginarlo, Dios no —y lo repetimos aquí para enfatizarlo— prefiere a los baptistas sobre los hindúes, a los católicos sobre los judíos, a los musulmanes sobre los mormones, o a cualquier religión sobre cualquier otra. Dios ni siquiera prefiere a los que creen en Él sobre los que no creen.

Estas ideas no son de Dios. Son ideas de seres humanos que *piensan* que son ideas de Dios.

Lo dijimos antes y lo repetiremos: Dios no es un ser humano masculino a lo grande. Dios es la Inteligencia Suprema y la Energía Primordial que subyace al universo..., una inteligencia y una energía sin identidad específica.

¿Es realmente concebible que Dios tenga un color favorito o un número favorito, un equipo favorito o un jugador favorito, una nación favorita o una religión favorita, un género favorito o una raza favorita?

¿Parece realista que Dios tenga opiniones políticas, económicas, sociales o espirituales particulares? Y si es así, *¿cuáles son?*

Espera. No tenemos que preguntar eso. Las personas que tienen opiniones particulares te dirán cuáles. Las suyas, *por supuesto*.

Bueno..., aunque esto trastorna todas las historias de las personas, los partidos políticos, naciones y religiones que quieren insistir en que son los únicos defensores de los valores morales y los últimos baluartes de la rectitud espiritual en la tierra, es importante que la humanidad tenga claridad con respecto a la verdadera naturaleza de la divinidad y a los aspectos fácticos de la Realidad Última.

❋

Nada de lo anterior significa que *la vida* está en nuestra contra. Dios no está de nuestro lado en el sentido de que Dios te favorece a ti por encima de otra persona, pero *la vida* siempre está dispuesta a darnos lo que creemos más ferviente y sentidamente que vamos a recibir.

La vida procede a partir de tus intenciones hacia ella. Se nos ha dicho: «Tal como creas, así te será hecho», y esto es cierto. La *creencia* es una energía fuerte y muy poderosa. Es un imán. Atrae hacia nosotros aquello que esperamos firmemente que atraiga. Sin embargo, esto no se debe a que «Dios esté de nuestro lado», sino a que Dios nos ha dado, como se ha descrito antes, un mecanismo con el que manipular y afectar a la energía en bruto que es la Totalidad de la Vida.

La vida afecta a la vida a través del proceso de la vida misma. La Esencia Esencial es una energía que tiene un impacto sobre Sí Misma.

Quien aprende a utilizar esta energía de forma positiva a través del pensamiento, la palabra y la acción, ha emprendido el camino hacia la maestría en la vida.

Sin embargo, nunca «ores» ni utilices el poder del pensamiento, la palabra y la acción para conseguir algo en detrimento de otro. Recuerda siempre que solo hay Uno de Nosotros.

Por lo tanto, si buscas algo para ti en detrimento de otro, «ganas» con la mano derecha lo que «pierdes» con la izquierda. Incluso si parece que has «ganado» en una ocasión, la «pérdida» te visitará en la siguiente experiencia.

Cuando te encuentres en alguna situación en la que tus deseos se contrapongan a los de otra persona, reza una oración o mantén la idea de que el resultado que se produzca ha de ser el *mejor para todos los implicados*.

Esto es verdadera maestría espiritual, puesto que no requiere ni exige nada, y considera que cada resultado y experiencia son perfectos. En esta conciencia se encuentran tanto la libertad como la paz.

21

OTRO MALENTENDIDO SOBRE DIOS: *DIOS NOS RECOMPENSARÁ O NOS CASTIGARÁ EL DÍA DEL JUICIO*

Volvemos a ver cómo se encadenan los múltiples malentendidos sobre Dios, uno surge de otro y ambos dan lugar a un tercero. Por eso ves tantas repeticiones en este texto. No es tanto repetición como extensión. Es la extensión de una línea lógica.

La noción de que Dios nos recompensará o castigará el Día del Juicio es parte de la línea lógica que comienza con la idea de que debemos temer a Dios, continúa con la doctrina de un Dios en guerra con el diablo, se expande con la noción de que necesitamos el perdón de Dios para poder entrar en el cielo, y finalmente llega a la intersección antes descrita, donde Dios nos recompensará o castigará el Día del Juicio.

Muchas religiones nos enseñan, basándose en todos los malentendidos anteriores, que este Día del Juicio será el momento en el que Dios nos recompensará o castigará en función de «lo bien que lo hayamos hecho» en nuestra vida.

Esto puede resultar muy desafiante para muchas personas, y es particularmente oneroso para quienes creen que solo tienen una vida para «hacer las cosas bien», y luego se encuentran rodeados por cien personas distintas que les ofrecen cien formas distintas de hacerlo.

✳

Ahora viene el gran *¿Y si..?*

¿Y si Dios no nos juzga nunca
y no existe tal cosa
como una recompensa eterna en el cielo
ni el castigo eterno en el infierno?

¿Haría alguna diferencia? ¿Importa? En el esquema general de las cosas, ¿tendría algún impacto significativo en nuestra experiencia planetaria?

Sí, con toda certeza. Entre otras cosas, eliminaría la motivación para que innumerables personas, en innumerables momentos de innumerables vidas, tomen innumerables decisiones grandes y pequeñas.

La mayor parte de la población mundial toma la mayoría de sus decisiones basándose en el deseo de «hacer lo correcto» y, por lo tanto, de estar «a bien con Dios» y, por lo tanto, de ir «directos al cielo» cuando termine la vida en la tierra.

Incluso las personas que han hecho lo que la mayoría de los seres humanos consideran «que está mal», se han convencido a sí mismas de que es «correcto» porque es «lo que Dios quiere» y, por lo tanto, les hará ganar un lugar en el paraíso.

Sufrir una muerte larga y dolorosa es un ejemplo de ello. Provocar que *otros sufran* una muerte larga y dolorosa es otro. Negarse a uno mismo algunos de los placeres más simples de la vida es un tercer ejemplo. Negar a *otros* estos placeres es un cuarto. Y la lista continúa.

Y continúa.

Y continúa.

Además, si los humanos pensaran que Dios no los juzgará por nada en ningún momento, perderían, como hemos señalado anteriormente, los fundamentos espirituales y la autoridad moral para juzgar a los demás.

Y por último —de nuevo como hemos señalado antes—, la humanidad tendría que encontrar alguna otra medida para determinar lo que considera un comportamiento aceptable o inaceptable por parte de los miembros de la especie.

En resumen, un Dios que no juzga echaría por tierra todo el sistema de valores de la humanidad, obligándola a encontrar *otra razón* para recompensar algunos comportamientos y castigar otros. Las civilizaciones verdaderamente avanzadas eliminarían por completo el castigo de sus sistemas sociales.

Las consecuencias reemplazarían a los castigos en las sociedades que dejaran de intentar fomentar ciertos comportamientos o de desalentar otros con medidas punitivas.

El mensaje de Dios al mundo

Dios nos ha estado diciendo desde el principio, y cada día lo tenemos más claro, que la antigua historia cultural de la **humanidad, sobre que Dios nos recompensa con la vida eterna en el cielo o el castigo eterno en el infierno, es simple y llanamente inexacta.**

Ahora está bien eliminar esta antigua enseñanza de nuestra historia y dejar de contárnosla a nosotros mismos y a nuestros hijos.

Vivimos en un universo de causa y efecto, no de recompensa y castigo.

Dios no lleva una lista actualizada de todas las fechorías de todas las personas en todos los lugares de todos los planetas y a lo largo de todas las épocas, luego resta puntos de la puntuación perfecta y, finalmente, si la puntuación de alguien cae por debajo de cierto nivel, arroja esas almas al infierno en cuanto llegan al Otro Lado.

Simplemente no funciona así.

Como ya hemos dejado claro varias veces, no existe un «infierno» en el que Dios pueda arrojar a las personas y, aunque lo hubiera, Dios no tendría una razón para arrojarlas.

Dios, la Fuente de la Inteligencia Suprema e Ilimitada, y del Amor Infinito e Incondicional, testifica simple y alegremente el proceso de evolución que se desarrolla a través de los billones de sistemas estelares del cosmos, poniendo en manos de los seres inteligentes de todas partes los mismos mecanismos, las mismas herramientas, los mismos instrumentos y poderes de creación. Luego da libre albedrío a todas esas formas de vida para que determinen cómo desean usar su habilidad divina, tanto individual como colectivamente, en la manifestación de su experiencia.

Existe, sin duda, un sistema y un proceso en el universo que facilita, potencia y gobierna con suprema sofisticación y absoluta perfección todo el funcionamiento de la vida física. Se le podría llamar vagamente La Ley, o incluso La Ley de Dios, en el mismo sentido en que usamos la frase «la ley de la gravedad». La Ley es simplemente *cómo funcionan las cosas*. Es el proceso por el cual la energía pura es...

—¿Qué palabra vamos a usar aquí...?

—*Manipulada...* para producir manifestaciones particulares y específicas en el reino físico, como se comentó al final del capítulo anterior. Esta Ley proporciona al alma la oportunidad de crear expresiones particulares y específicas, y lleva experiencias particulares y específicas a la totalidad del ser (cuerpo, mente y alma). Es decir, experiencias de su verdadera identidad. Es decir, experiencias de divinidad.

Así como la Ley puede utilizarse para producir la experiencia más elevada del Ser, también puede utilizarse para producir la más baja, a juicio de algunos seres sensibles.

Antes hemos dicho que el poder siempre está activado, por lo que a veces se utiliza de manera que genera resultados equivocados. Para ayudar a los humanos a entender esto, usemos el ejemplo de la energía atómica. Es una ilustración que se utiliza a menudo.

La energía atómica no es «buena» ni «mala», ni tiene intrínsecamente una predilección o un deseo de ser utilizada de una manera concreta. Simplemente ES. Existe en un estado de neutralidad total y puede ser utilizada de cualquier manera que los seres sensibles que la manipulan tengan intención de usarla.

La energía misma no «castiga» al usuario en función de cómo se la manipule. El usuario experimenta los *resultados de* acuerdo con el *uso* que le da a esa energía, y *esa es* la *consecuencia*, que no es ni un «castigo» ni un «premio».

Es así de simple.

Es tan elegante e ingeniosamente simple como eso.

✳

No hay nada complicado en el proceso de creación. En realidad es muy simple. Escucha a tu alma. Crea tu lista de deseos a medida que te mueves por la vida, basándote en el deseo más íntimo de tu alma. Invoca y recibe lo que te llegue con gratitud, puesto que la perfección se manifiesta en cada momento.

Aquí se encuentra la verdadera paz. Es la paz de la que se nos ha hablado y que se nos ha prometido. Es la paz que sobrepasa todo entendimiento.

El compositor estadounidense Leonard Bernstein, cuando escribió la letra de la canción de apertura de su extraordinaria obra de teatro, *Misa,* capturó la esencia de este proceso extraordinariamente simple de la creación personal, otorgado por un Dios notablemente simple a todos los seres sensibles...

CANTA A DIOS UNA CANCIÓN SIMPLE, LAUDA LAUDE.
INVÉNTALA SOBRE LA MARCHA, LAUDA LAUDE.
CANTA COMO TE GUSTA CANTAR, DIOS AMA TODAS LAS COSAS SIMPLES.
PORQUE DIOS ES LO MÁS SIMPLE DE TODO.
PORQUE DIOS ES LO MÁS SIMPLE DE TODO.

22

OTRO MALENTENDIDO SOBRE DIOS: *DIOS QUIERE QUE REGRESEMOS AL CIELO*

La mayoría de las historias que se nos cuentan sobre Dios dicen que el deseo de Dios es que cada alma regrese al cielo. Como se ha señalado anteriormente, el papa Juan Pablo II dijo en 1999 que no es Dios quien nos mantiene fuera del paraíso, «porque en su amor misericordioso solo puede desear la salvación de los seres que Él creó».

Este tipo de declaraciones de los líderes espirituales más visibles del mundo infunden en la humanidad un sentimiento profundamente arraigado de que Dios quiere que todos regresemos para reunirnos con Él y experimentar la maravilla y la perfección, la belleza y la gloria del paraíso, en gozo eterno por los siglos de los siglos, por siempre jamás. Y todos tenemos la oportunidad de hacerlo, basta con *obedecer las reglas*.

✳

Ahora viene el gran *¿Y si...?*

¿Y si Dios no quiere que volvamos
al cielo? ¿Y si hay otra forma
de entender la vida, y otro plan para la vida, que
no tiene nada que ver con retornar al cielo?

¿Marcaría eso una diferencia? ¿Importa? En el esquema general de las cosas, ¿tendría algún impacto significativo en nuestra experiencia planetaria?

Sí. ¡Cielo santo!, *sí*. ¡Eso lo cambiaría todo! Si la comprensión que tiene la humanidad del verdadero propósito de la vida es inexacta, los miles de millones de personas que creen en Dios y en el cielo no tienen ni idea de lo que están haciendo aquí.

Por desgracia, para un enorme número de personas ambas afirmaciones son ciertas. La comprensión de la humanidad del verdadero propósito de la vida *es* imprecisa, y nosotros, como seres humanos, *no tenemos* ni idea de lo que estamos haciendo aquí. Esto es cierto, sin duda, para la mayoría de los seres humanos.

Voy a decir, para la *gran* mayoría.

Cuando debatimos si es Dios quien etiqueta las cosas como «correctas» e «incorrectas», mostramos que, para crear una nueva norma para el comportamiento humano basada en «lo que funciona y lo que no funciona, según lo que los humanos están tratando de hacer», la humanidad por fin tendría que admitir ante sí misma que, como colectivo, *no tenemos nada claro lo que estamos tratando de hacer.* Y esa es nuestra mayor dificultad.

Esta es la razón por la que muy poco de lo que *estamos* haciendo está funcionando.

✳

Comenzamos esta exploración estableciendo la innegable verdad de que nuestro sistema político, nuestro sistema económico y todos los demás sistemas que hemos puesto en marcha en este planeta no están produciendo los resultados para los que fueron diseñados. Y lo que es peor, dijimos que nuestro sistema *espiritual*, que se suponía que iba a resolver todo el *resto* de los problemas, en realidad los ha *aumentado*.

¿Y por qué es cierta esta última frase? Por lo que creemos que tenemos que hacer para «salvarnos».

La historia demuestra que, en nuestro celo religioso, *nos hemos estado matando unos a otros tratando de salvarnos* unos a otros.

Lo que es enormemente triste con respecto a esto es que muchos de nosotros ni siquiera hemos *pensado* que es enormemente triste.

Hemos pensado, a lo largo de los siglos (hasta ayer inclusive), que estábamos *haciendo la obra de Dios.*

Durante los 300 años de las Cruzadas cristianas, en las que se decapitaba a miles de personas si se negaban a declarar su fe en Cristo, la gente pensaba que estaba *haciendo la obra de Dios.*

Durante todos los siglos en que los musulmanes han tratado de conquistar y someter a países enteros, matando a gente a diestro y siniestro para crear un califato, o una Nación del Islam, la gente pensaba que estaba *haciendo la obra de Dios.*

Durante todas las luchas y matanzas entre protestantes y católicos en Irlanda, durante todas las luchas y matanzas entre suníes y chiíes en Irak, la gente pensaba que estaba *defendiendo la fe* y *luchando por Dios.*

En conflictos que van desde protestas sociales y batallas por los derechos civiles hasta guerras totales (como la batalla en curso entre la mayoría cingalesa, mayoritariamente budista, y los tamiles hindúes en el subcontinente indio, por citar un ejemplo más), las personas han pensado que estaban *luchando para proteger su forma de vida y sus creencias.*

Por todo lo anterior, el reverendo William E. Swing, obispo episcopal retirado de California, cuando fundó la Iniciativa de las Religiones Unidas en el año 2000, preguntó de manera conmovedora y quejumbrosa: «En el nombre de Dios, ¿podemos detener las matanzas en nombre de Dios?».

✳

Para ser justos, la mayoría de nosotros no participamos en tales actividades. La gran mayoría de la población mundial entiende que esta no puede ser la forma de llegar al Hogar, a un Dios amoroso.

Así que... miles de millones de nosotros tenemos claro lo que *no debemos* hacer, pero miles de millones de nosotros no tenemos *claro* lo que *sí debemos* hacer.

Pensamos que Dios quiere que volvamos al cielo, y haremos cualquier cosa para ayudar a Dios a llevarnos allí..., lo que incluye negarnos el placer, dejar de comer ciertos alimentos, obligarnos a llevar cierta ropa, prohibirnos escuchar cierta música (y en algunos casos, *cualquier* música), no bailar, dejarnos crecer la barba y abstenernos de cualquier actividad sexual.

No me lo estoy inventando.

Muchos de nosotros nos hemos dicho que ese es el camino a la gloria celestial.

El truco para muchos ha sido tratar de descubrir cómo *integrar los* comportamientos necesarios para llegar al cielo con los comportamientos necesarios para vivir en la tierra.

¿Tiene una cosa algo que ver con la otra? Hablamos brevemente de esto al examinar si estamos obligados a adorar a Dios de cierta manera.

¿Deberíamos ir a misa todos los domingos y todos los días de precepto, como hacen los católicos?

¿Deberíamos responder cuando un *muezzin* llama al *adhān* (en árabe: أذان) desde la mezquita cinco veces al día, tradicionalmente desde el minarete, como hacen los musulmanes convocados para el culto (*salat*) obligatorio (*fard*)?

¿Deberíamos inclinarnos en cuatro puntos durante la *Amidah*: siguiendo los preceptos y el ritual que marca la tradición judía?

¿Y qué hay de los Diez Mandamientos y los Cinco Pilares del Islam? ¿Qué hay del Noble Óctuple Sendero del budismo y la Doctrina del Cuádruple Final de la Vida de la tradición hindú?

¿Debemos obedecer las 11 Leyes Divinas del Kemetismo? ¿O el Kitáb-i-Aqdas, el libro de leyes de Bahá'u'lláh? ¿Y debemos adherirnos, o simplemente ignorar, el Reht Maryada, del sijismo?

«Santo cielo, Dios», exclamamos desconcertados, «¿cómo podemos volver *a Ti?* Si esto es lo que Tú quieres, ¿por qué no nos dices *cómo hacerlo* en una declaración simple y clara?».

✳

Estas son las preguntas que la humanidad se ha estado haciendo durante siglos.

No, durante *milenios.*

Y aún así, después de miles de años, las personas que han poblado este planeta no han sido capaces, ni por un solo minuto en toda la historia registrada, de ponerse de acuerdo sobre cuál es la respuesta de Dios. Hasta el día de hoy nos movemos en diferentes direcciones, y luchamos entre nosotros sobre cuál es el camino correcto para lograr este objetivo de regresar al cielo.

¿Podría ser que este estado de cosas se deba a que no es eso —regresar al cielo— lo que se supone que debemos hacer? ¿Podría ser que lo que decimos que estamos tratando de hacer en la tierra no tenga nada que ver con lo que realmente vinimos a hacer aquí?

¿Podría ser que, después de todo, *hay algo* que no entendemos del todo acerca de Dios, y que entenderlo lo cambiaría todo?

Creo que la respuesta es sí.

Creo que es *obviamente* sí.

Es evidente que hay algo que *no tenemos claro*.

La pregunta es: ¿podemos admitirlo? ¿O nuestros egos son tan grandes, tan enormes, que ni por un segundo podemos siquiera explorar la idea de que *puede haber algo más que saber sobre este tema?*

Esta es la pregunta central a la que se enfrenta la humanidad entera en la primera mitad del siglo XXI. Esta es la pregunta crítica. Hemos llegado a un momento crucial. Nuestra especie ha llegado a una encrucijada clave.

El mensaje de Dios al mundo

Dios nos ha estado diciendo desde el principio, y cada día tenemos más claro, que la **Vieja Historia Cultural de la humanidad sobre el deseo de Dios de que regresemos al cielo es clara y sencillamente inexacta.**

Ahora está bien eliminar esta antigua enseñanza de nuestra historia actual y dejar de contárnosla a nosotros mismos y a nuestros hijos.

Dios no quiere que vuelvas al cielo; Dios quiere que sepas que estás en el cielo *ahora*. Dios quiere que sepas que nunca *te fuiste* del Reino de Dios. Este reino está dividido en tres partes: el reino de lo espiritual, el reino de lo físico y el reino del Ser Puro.

Tal como el Reino de Dios está dividido en tres partes, tú también lo estás. La individualización de la Esencia Esencial que has llegado a llamar «tú» está compuesta por cuerpo, mente y alma.

Durante tu vida eterna, lo que has llegado a llamar alma conoce los tres reinos simultáneamente. Lo que *experimentas* es el reino en el cual centra su atención lo que has llegado a llamar tu mente. Por lo tanto, puedes experimentar lo que llamas «vida», o lo que llamas «el más allá», o lo que llamas «nirvana», «dicha» o «reunión con Dios».

Dependiendo de en cuál de estos estados enfoques tu atención, lo que has llegado a llamar cuerpo emite ciertas «vibraciones» características, o lo que podrían denominarse firmas energéticas. En otras palabras, tu cuerpo, el aspecto corporal de tu ser divino, altera la frecuencia vibratoria de la Esencia Esencial para producir una Singularización de La Singularidad. Te estás recreando literalmente a ti mismo en cada momento dorado del Ahora. Algunas religiones llaman a esto nacer de nuevo.

A través de esta Individuación de la Divinidad en tres partes, y de su continua transmogrificación o transformación, la totalidad de la divinidad llega a conocerse, expresarse y experimentarse a sí misma en su totalidad.

En esto, como en todas las cosas, el Todo es mayor que la suma de sus partes.

Dicho en un lenguaje sencillo, la humanidad (y la totalidad de la vida) es Dios expresándose y experimentándose a Sí Mismo. Los seres humanos son las individuaciones de la divinidad en formas particulares. Nos hemos llamado a nosotros mismos, y no de manera inapropiada, Hijos de Dios. Somos, literalmente, emanaciones de Dios.

¿Alguien tiene algún problema con esto? Espero que no, porque todos somos hijos de Dios y existimos en el paraíso de Dios para experimentar la maravilla y la gloria de la divinidad. No experimentamos esto en la tierra cuando nos olvidamos de Quiénes Somos Realmente.

Todo ser humano se olvida. La pregunta es: *¿por qué?* ¿A qué propósito sirve esto? ¿Por qué estamos teniendo esta experiencia terrenal y para qué nos sirve olvidar nuestra verdadera identidad?

Queremos creer que Dios nos quiere en el cielo, pero, si es así, nos preguntamos, ¿por qué sigue enviándonos *aquí*?

Algunos de los que aceptan la noción de reencarnación han respondido a esta pregunta diciendo que nuestras múltiples vidas están diseñadas para purificarnos, de modo que *podamos* regresar a Dios en el cielo. Es casi como si *esto* fuera nuestro purgatorio; como si *esto* fuera nuestra prueba de fuego. Conseguimos ir a Casa, somos «liberados» de las tribulaciones de la vida física cuando pagamos nuestras «deudas kármicas» y por fin logramos vivir una vida lo suficientemente libre de defectos y debilidades humanas como para no crear otras nuevas.

Los que no creen en la reencarnación dicen que venimos aquí solo una vez, pero que todas las almas deben pasar por el proceso de esta única vida porque...

...bueno, en realidad no *sabemos* por qué. Ni siquiera sabemos cómo llegamos aquí (entendemos la biología, pero no la teología).

Lo único que sabemos es que nos hemos encontrado aquí sin haberlo elegido (o, al menos, eso es lo que nos parece), y no sabemos qué estamos tratando de hacer ahora que estamos aquí, excepto *volver* de nuevo al lugar de donde creemos, esperamos, imaginamos que hemos venido.

¿De dónde, por favor dinos, *hemos venido*? ¿Cuál, por favor dinos, *es el* propósito de la vida? ¿Es hacer lo que sea necesario para asegurarnos una buena vida después de la muerte? ¿Es *así* como son las cosas?

No. Ese no es el propósito de la vida.

Nuestro comportamiento en la tierra no tiene nada que ver con nuestra admisión al cielo.

*

Lo sé, lo sé... Entiendo. Esta es casi una declaración blasfema. Ciertamente equivale a una de las afirmaciones más radicales y conmovedoras que las aventuras teológicas humanas podrían encontrar. Quizás eso solo ya nos obliga a explorarla.

Repitamos, por tanto, la frase y destaquémosla, pues merece que nos enfoquemos en ella:

> *Tu comportamiento en la Tierra*
> *no tiene nada que ver con*
> *tu admisión en el Cielo.*

Esto es cierto no porque Dios te acoja de nuevo en sus brazos después de tu vida en la tierra, pase lo que pase. Esto es cierto porque Dios no tiene que acoger de nuevo en sus brazos a alguien que nunca se ha ido.

Estás en los brazos de Dios *siempre.* Incluso ahora.

Sí, ahora mismo.

Dios nunca te ha soltado. Dios nunca te ha dado la espalda, nunca ha dejado de estar ahí para ti, nunca se ha alejado de ti, y ciertamente nunca te ha empujado lejos, cargándote con el pecado ancestral.

Tu alma sabe todo esto. Es tu mente la que lo ha olvidado, y por una muy buena razón.

El olvido de la mente permite que el recuerdo del alma se experimente una vez más, y la dicha de ese recuerdo pueda *volver a ser experimentada eternamente.*

Cuando te encuentras con tu amado, no te unes al milagro de hacer el amor solo una vez. No, le abrazas y te separas del abrazo, y luego le abrazas una vez más, sabiendo que solo la separación puede crear la dicha del reencuentro.

Esto es cierto a nivel humano y también a nivel celestial. Todos estamos recordando, o experimentando, una vez más, ser *un miembro* del Cuerpo de Dios.

Tu alma siempre experimenta estar en los brazos de Dios. Lo está experimentando ahora mismo. Experimenta que es *parte* de Dios, *una* con Dios. Sin embargo, tu mente puede hacerte pensar que esto no es cierto, que no es real. Esto forma parte del *trabajo* de la mente.

La tarea de la mente es *diferenciarte* en tu experiencia de la Totalidad de Ti que llamamos Dios. Esto te permite hacer aquello para lo que te diferenciaste, que es volver a experimentar Tu realidad indiferenciada, pero un elemento, un aspecto, una faceta o una cualidad cada vez. Se te dan innumerables vidas para hacer esto, e innumerables oportunidades dentro de cada vida.

✳

Nuestra Antigua Historia Cultural no dice prácticamente nada de este propósito real de la vida. Dice muchas cosas que nos hemos inventado de la nada, que han surgido de mitos y cuentos, leyendas y supersticiones, y que hemos construido a partir de nuestros miedos de lo que podría pasar si nos equivocáramos, pero no nos dice nada de nuestro verdadero propósito.

Durante siglos y milenios, lo que los mayores han enseñado a sus descendientes ha estado limitado en este sentido. Hasta el día de hoy, los mayores enseñan a los jóvenes *la misma vieja historia*. Así, «los pecados de los padres se extienden sobre los hijos, incluso hasta la séptima generación».

Esto no significa que hayamos heredado pecados, sino que hemos heredado *errores.*

Un aspecto fundamentalmente difícil de la condición humana no es que todos hayamos «nacido en pecado», sino que quienes nos han *enseñado,* han sido *enseñados* por otros que habían sido *enseñados* por otros, que habían sido *enseñados* por otros, que habían sido *enseñados* algo que simplemente no es cierto sobre Quiénes Somos y Por Qué Estamos Aquí.

Es esta desinformación la que hace que los humanos actuemos, hasta el día de hoy, como lo hacemos. No es nuestra *naturaleza*, es nuestra *instrucción.*

✳

Así que ahora, aquí, se te da una nueva instrucción.

Este no es el único lugar en el que esta nueva instrucción se ha puesto a tu disposición. Es uno de los muchos lugares y de las múltiples formas, y de cada lugar viene el mismo mensaje:

No has venido aquí solo para esforzarte por encontrar un camino de regreso al lugar de donde viniste. No llegaste a la tierra simplemente para tratar de volver al cielo. Nunca *te fuiste* del cielo. La vida física es parte de tu vida eterna. Viniste a la tierra para *experimentar* tu Ser, Quien Realmente Eres, y solo puedes hacer eso en el Reino de Dios, que es *donde* estás *ahora mismo*.

Hay otro plan para la vida, y no tiene nada que ver con que tú te salves a ti mismo. Tiene que ver con que te recuerdes a ti mismo.

Tu presencia en el Reino de Dios no tiene nada que ver con cuánto te lo «merezces». El amor de Dios no es algo que se *gana.* Es algo que se da. Y se da a todo lo que está vivo. El hecho de que estés vivo es la prueba de que se te ha dado, porque la vida misma es el Amor de Dios, expresado.

Asimismo, tu presencia en el Reino de Dios no tiene nada que ver con la «justicia». No has llegado aquí por haber hecho algo malo, o por tener que «pagar» por algún «mal» que hicieras. La idea misma de «justicia» como fundamento del dogma del infierno y la condenación se explora *desde el punto de vista de Dios* en el capítulo 24 de este texto. Es algo que querrás leer una y otra vez, ya que pone al descubierto con absoluta claridad la ilusión de la «justicia» y de la «moralidad».

De momento, cerramos nuestra lista de malentendidos sobre Dios echando un vistazo al mayor error de todos.

23

EL ÚLTIMO Y EL MAYOR MALENTENDIDO SOBRE DIOS: *DIOS ESTÁ SEPARADO DE NOSOTROS*

Ahora llegamos al meollo de la cuestión. Ahora nos encontramos con el *malentendido último* y nos damos, por fin, la oportunidad de reemplazarlo con la comprensión definitiva.

La mayoría de nosotros en la tierra —aquellos que hemos recibido algún tipo de formación religiosa y los que nos hemos encontrado con la idea de Dios simplemente al movernos por el mundo— hemos oído que Dios es el Alfa y la Omega, el Todo en Todo, el Principio y el Fin.

También se nos ha dicho, de forma un tanto contradictoria, que Dios está separado de nosotros (lo que haría que Dios no fuera «el Todo en Todo») y que nuestro trabajo, nuestra tarea, nuestro reto es unir de alguna manera lo que ha sido separado.

✳

Ahora viene el mayor *¿y si?* de todos...

*¿Y si Dios no está separado
de nosotros en absoluto, ni separado
de nada en modo alguno?*

¿Habría alguna diferencia? ¿Importaría? En el esquema general de las cosas, ¿tendría algún impacto significativo en nuestra experiencia planetaria?

Sí, esto cambiaría todo lo relacionado con cómo vivimos nuestra vida en la Tierra. Cambiaría todo lo relacionado con la forma en que experimentas tu Ser. Cambiaría todo sobre la forma en que nos experimentamos unos a otros. Cambiaría todo sobre la forma en que experimentas a Dios.

Lo cambiaría todo sobre casi todo.

Si nuestra especie aceptara su unidad con la divinidad, eso daría un giro de 180 grados al comportamiento humano, porque veríamos que todos los demás seres están bendecidos, y percibiríamos que todo lo que pensamos o hacemos es algo que pensamos sobre Dios o que hacemos a Dios.

Si esta fuera nuestra perspectiva, no nos sentiríamos *motivados* para pensar o hacer nada negativo con respecto a nadie, por la sencilla razón de que cuando cada persona trata a todas las demás como divinas, todos los comportamientos que justificarían una respuesta negativa desaparecen de la experiencia humana.

Imagina cómo tratarías a Dios si lo tuvieras delante. Ahora trasládalo a tus encuentros humanos e imagina cómo tratarías a los demás si los consideraras divinos. E imagina un mundo en el que todos te trataran como si *fueras* divino. En un mundo así, ¿no les tratarías tú de la misma manera?

✳

Ahora mismo parecemos incapaces de llegar a este lugar. En este planeta no parece que seamos capaces de aceptar la noción de que cada uno de nosotros es divino. Esto se debe, en gran medida, a que la mayoría de los que abrazan cualquier tipo de teología, abrazan una Teología de la Separación.

La Teología de la Separación es una forma de ver a Dios que insiste en que nosotros estamos «aquí» y Dios está «allá».

Esto podría ser viable si se limitara a eso, pero el problema con la Teología de la Separación es que produce una Cosmología de la Separación. Es decir, una forma de ver la vida que dice que todo está separado de todo lo demás.

Esto podría ser viable si se limitara a eso, pero el problema es que una Cosmología de la Separación produce una Psicología de la Separación. Es decir, un perfil psicológico que sitúa al «yo» aquí y al «tú» allá.

Esto podría ser viable si se limitara a eso, pero el problema es que una psicología de la separación produce una sociología de la separación. Es decir, una forma de socializar entre nosotros que anima a todas las sociedades humanas a actuar como entidades separadas que sirven a sus propios intereses separados.

Incluso esto podría ser factible si se limitara a eso, pero el problema es que una Sociología de la Separación produce una Patología de la Separación. Es decir, *comportamientos patológicos de autodestrucción*, practicados individual y colectivamente, que producen sufrimiento, conflicto, violencia y muerte llevados a cabo por nuestras propias manos, como se ha demostrado en todo el planeta a lo largo de la historia humana.

La eliminación de la Historia de la Separación de nuestra Historia Cultural eliminaría los comportamientos que ha generado esta saga.

❋

La Historia de la Separación tuvo su origen en los primeros intentos de nuestra especie de comprender la vida que estábamos experimentando.

Lo que ahora llamamos «autoconciencia» surgió cuando empezamos a vernos y a conocernos como individuos. Tal vez, lo que desencadenó esta percepción fue contemplar nuestro reflejo en el estanque de una cueva. Levantamos la mano para rascarnos la cabeza y vimos que el «hombre en el estanque» hacía lo mismo... y pronto empezamos a concebir «El Yo».

Tal vez, el paso siguiente en la percepción de la separación vino cuando nos sentamos alrededor de la hoguera de nuestro clan y nos sorprendió un repentino relámpago en el cielo nocturno, seguido del estruendo de un trueno. Miramos ansiosos alrededor de la hoguera y preguntamos, con las expresiones faciales y verbales que habíamos desarrollado: «¿Habéis sido vosotros?». Cuando todos en el clan sacudieron la cabeza en un aterrado «¡no!», llegamos a una sorprendente toma de conciencia: *Hay algo distinto de nosotros.*

Este Algo Distinto también parecía, como parecieron demostrar los acontecimientos posteriores, mucho más *poderoso* que nosotros. Podía provocar vientos, lluvias y tormentas violentas, periodos de calor y sequía que se hacían eternos, temblores de tierra atemorizantes e incluso que se abriera el suelo sobre el que caminábamos. Hasta podía provocar incendios en el bosque.

Nos quedó claro que teníamos que encontrar una forma de *controlar* a ese Algo Distinto, o nuestras vidas quedarían a su merced para siempre. Sin embargo, no podíamos concebir ni imaginar una forma de hacerlo. Lo intentamos todo. Sabíamos que teníamos que encontrar una manera de apaciguar a los dioses.

✳

Por supuesto, no llamábamos «dioses» a estos elementos de la vida. Esa palabra llegó mucho más adelante. Pero pensábamos en ese Algo Distinto como un aspecto de nuestra existencia que era a la vez poderoso e incontrolable.

Llegamos a conocer a algunos miembros de nuestro propio clan exactamente de la misma manera.

El miembro más grande, fuerte y bruto del clan arrasaba con la vida colectiva de los demás, y continuamente se hacían esfuerzos para apaciguarlo. Se le hacían ofrendas de todo tipo, desde hermosas vírgenes hasta comida abundante y otras cosas asombrosas extraídas de las riquezas terrenales.

Una vez, cuando el más bruto de nosotros se enfureció más de lo normal debido a una sequía interminable y a los sacrificios que esta le imponía, nos unimos a otros miembros de nuestro pequeño grupo para hacer todo lo que se nos ocurriera a fin de calmarlo, no fuera a ser que descargara su ira contra nosotros, como ya había hecho antes.

Organizamos una «fiesta» junto al fuego para el líder del clan, cantando y bailando para él. Alguien del grupo arrancó una rama moribunda de un árbol cercano y la agitó como parte de su danza; sus hojas secas producían un sonido rítmico que acompañaba los giros de los bailarines alrededor de las llamas.

Y ocurrió que, en ese preciso momento, el cielo se abrió y una fuerte y repentina lluvia empapó el lugar. ¡Todo el mundo se quedó anonadado! Y, dado el limitado desarrollo intelectual del clan en aquella época, se atribuyó a la Danza con la Rama el haber producido el agua del cielo.

¡Se había encontrado una forma de complacer y apaciguar al Otro Distinto! No solo se había apaciguado al bruto líder del

clan, sino también al brutal Otro Distinto. El Otro Distinto estaba haciendo lo que nosotros esperábamos.

¡En el clan todos estaban entusiasmados! El «hombre de la lluvia» fue elevado a un estatus superior. Se creó un ritual y una clase particular dentro del clan para quienes lo realizaban.

Como el clan creía que la Danza con la Rama del Hombre de la Lluvia generaba lluvia, continuó *haciéndolo* en el *futuro* con mayor frecuencia. Y siendo la metafísica lo que es, la fórmula funcionó. Porque el proceso metafísico —moderno o antiguo— produce en la dimensión física aquello que se cree fervientemente que producirá.

En aquel primer caso, el efecto fortuito de la llegada de la lluvia mientras se ejecutaba la danza no se produjo deliberadamente, con intención. Sin embargo, no cabe duda de que lo que generó la lluvia fue la ferviente esperanza, el profundo y constante deseo de que la sequía terminara y de que el líder del clan se tranquilizara. Y no se pudo ignorar que la lluvia había caído en el momento exacto en que se realizaba la ruidosa danza. Ambas cosas se unieron como causa y efecto.

Así nació la religión.

✳

Esta narración anterior es fruto de mi imaginación. Fue una intuición —llámala inspiración, si lo prefieres— que recibí en el periodo de mis conversaciones con Dios. La historia en sí podría ser inexacta, pero creo que esto, o algo muy parecido, es lo que ocurrió al principio de la vida humana, y es lo que produjo nuestra sensación de separación, nuestra sensación del Otro Distinto, y nuestra sensación de que, después de todo, podía haber una manera de controlar —o al menos *influir*— en ese Otro Distinto.

Los primeros humanos se enfrentaban sin saberlo a la alquimia del universo. A medida que nuestra comprensión se volvió más sofisticada, nuestra especie empezó a llamar «religión» a toda esta actividad, al tiempo que exploraba y creaba formas más refinadas de intentar apaciguar a «los dioses»... y, más adelante, al Dios único que los humanos decidieron que sin duda debía existir.

Teníamos razón con respecto a esto. *Existe* lo que ahora llamamos Dios. Sin embargo, nuestra idea fundamental sobre Dios —como «Otro Distinto»— es lo que ha sido inexacto.

El mensaje de Dios al mundo

Dios nos ha estado diciendo desde el principio, y cada día lo tenemos más claro, que **la Antigua Historia Cultural de la humanidad sobre la separación es simple y llanamente inexacta.**

Ahora está bien eliminar esta antigua enseñanza de nuestra historia y dejar de contárnosla a nosotros mismos y a nuestros hijos.

Así como la idea del diablo es un mito, la separación también es un mito.

Todas las cosas son Una Cosa. Solo hay Una Cosa, y todas las cosas forman parte de la Única Cosa que existe.

La Única Cosa que existe ha recibido muchos nombres de mucha gente. Entre ellos: Adonai, Alá, Brahman, Divinidad, Madre Divina, Elohim, Dios, Hari, Jehová, Krishna, Señor, Rama, Visnú y Yahvé. Y esta no es una lista completa.

En el contexto de la presente exposición, a esta Única Cosa se le llama Dios. No hay un nombre que sea el único, correcto o apropiado para esta Única Cosa que existe.

A la Única Cosa también se le puede llamar simplemente Vida. Porque la vida, en todas sus formas manifestadas, es lo que la Única Cosa es. Todo lo que es físico o no físico, visible o invisible, conocido o desconocido, forma parte de la vida, y, por lo tanto, es la manifestación de La Totalidad que aquí recibe el nombre de Dios.

Como la Esencia Esencial es lo Único que *existe*, no hay nada *más que* La Totalidad o Dios.

De hecho, este fue el *mensaje* del hombre llamado Jesucristo. Él vino aquí para devolvernos a nosotros mismos. Él *lo dijo*. Dijo que Todos Somos Uno. Que los que tengan oídos para oír, oigan…

Y por ellos me santifico a mí mismo
para que también ellos puedan ser santificados
por medio de la verdad.
No ruego solo por ellos, sino también
por los que creerán en mí a través de su palabra;
para que todos sean uno, como tú, Padre, estás en mí
y yo en ti, que ellos también puedan ser uno en nosotros:
para que el mundo crea que tú me has enviado.
Y la gloria que tú me diste, yo se la he dado;
para que sean uno, así como nosotros somos uno.
(Juan 17:19-20)

Pero, en la Biblia, Jesús no es el único que deja clara nuestra verdadera identidad.

¿No tenemos todos un solo padre?
¿No nos ha creado un solo Dios?
¿Por qué entonces somos infieles unos a otros,
profanando la alianza de nuestros padres?
(Malaquías 2:10)

[...] así nosotros, aun siendo muchos,
somos un solo cuerpo en Cristo,
e individualmente somos miembros los unos de los otros.
(Romanos 12:5)

Porque hay un pan, nosotros,
siendo muchos, somos un cuerpo.
(1 Corintios 10:17)

Dios existe en su Forma Total para siempre, y no puede de ninguna manera, en ningún momento y por ninguna causa ni medio separarse de Sí Mismo. Si cualquier cosa existente estuviera separada de algún modo de cualquier otra cosa, entonces la Única Cosa sería más que Una Cosa, lo cual es imposible.

Aunque Dios existe como una realidad singular, es capaz de manifestarse de múltiples formas. Esta multiplicidad de *formas* no debe confundirse con una multiplicidad de *cosas*. Dios es una sola cosa, que se revela, se demuestra y se despliega a Sí misma en infinitas variaciones. Esto se logra a través de un proceso que en el lenguaje humano se denomina diferenciación, un término que ya hemos utilizado antes en esta narración.

La diferenciación no es separación, sino simplemente individuación, del mismo modo que los dedos de un ser humano están diferenciados, pero no separados, de la mano. Del mismo modo que una célula madre del cuerpo humano se diferencia, pero nunca es *otra cosa que* una célula.

Puesto que solo existe un elemento y una energía, podemos concluir y deducir que todo lo que observamos y experimentamos en la dimensión física es una expresión de esa Esencia Esencial. Este elemento único es la energía más pura e indiferenciada a la que llamamos vida. Se despliega y se manifiesta dondequiera que miremos y, ciertamente, también existe en lo que no vemos.

La Esencia Esencial da lugar a una variedad infinita de formas de vida. Dichas formas de vida son para Dios lo que las olas para el océano: intrínsecamente parte de Él, manifestándose como Sus expresiones singulares.

Una ola en medio del océano no es «otra cosa» que el océano, ni necesita «volver» al océano. *Es* el océano manifestándose de una forma específica.

Así, tú también formas parte de Dios. No necesitas «volver» a Dios, solo recordar que nunca has estado, ni puedes estar, separado de Él, y a continuación empezar a actuar como si esto fuera cierto.

Como hemos señalado antes, si toda la humanidad se comportara así, nuestra experiencia en este planeta se convertiría en un milagro de amor expresado, y nuestras vidas nunca volverían a ser las mismas.

✳

De todos los malentendidos sobre Dios, este es el que tiene mayores consecuencias. Es el que nos permite sentirnos solos, aislados, desesperados. Es el que fomenta la desesperanza y la desesperación. Es el que permite la crueldad, excusa la venganza, absuelve la violencia. De todos los malentendidos sobre Dios, este es el que hace caer todas las fichas del dominó.

Abrazar la verdad de que Dios y nosotros somos Uno lo cambia todo. Altera radicalmente nuestra experiencia de la vida. Cambia de raíz nuestra expresión cotidiana. Lleva a un nuevo nivel todos nuestros encuentros, desde el nacimiento hasta la muerte, abriéndonos a una nueva forma de estar sobre la tierra.

Nos convertimos, de *hecho*, en seres humanos, en lugar de haceres humanos, y cuando elegimos ser divinos, todo lo que tocamos en el mundo se eleva. Porque ser divino es ser amor, simple y llanamente, y esto es lo que nuestro mundo anhela.

Desde el principio de los tiempos, todo lo que los seres humanos han querido es amar y ser amados. Y desde el principio de los tiempos, todo lo que hemos hecho ha sido crear normas y reglamentos, directrices y tradiciones, tabúes tribales, costumbres sociales y prohibiciones religiosas que nos dicen a quién, qué, cuándo, dónde, por qué y cómo podemos amar, y a quién, qué, cuándo, dónde, por qué y cómo no podemos hacerlo.

Por desgracia, la segunda lista es más larga que la primera.

Esto dice algo de nosotros como especie. No es algo malo, sino un hecho. Dice lo mismo que yo he estado diciendo aquí continuamente: que somos muy jóvenes. Sin embargo, estamos madurando.

Estamos madurando.

Y estamos llegando a comprender que la vida no es lo que pensábamos que era, sino mucho más. Y Dios no es quien pensamos que es. Ni de lejos.

Ahora que hemos terminado, por fin y para siempre, con nuestros malentendidos sobre Dios, podemos seguir adelante con el alegre y emocionante recuerdo del Mensaje Original.

24

ALGO QUE HEMOS DEJADO PENDIENTE

Bien, ya está. Estos son los principales malentendidos sobre Dios a los que observo que se aferran miles de millones de personas, y estas son mis mejores descripciones de los mensajes que se me dieron por primera vez en *Conversaciones con Dios* y que guardan relación con dichos malentendidos.

Espero haberles hecho justicia, porque creo que esta información es parte de los conocimientos más importantes que podrían compartirse con nuestra especie en este momento.

Y hablando de justicia y de cosas importantes, parece apropiado que ahora vayamos, más allá de los malentendidos, a esta idea de la «Justicia de Dios».

Esta es una doctrina que sustenta y apoya la idea que tantos tienen de que Dios debe perdonarnos por nuestras malas acciones, que debemos «pagar» por nuestros pecados a través de un sufrimiento abyecto en algún punto intermedio de nuestro camino al paraíso, o que si hemos cometido algún pecado totalmente imperdonable, nunca se nos permitirá entrar en el cielo.

Todas estas ideas se basan en la noción de que la «justicia divina» requiere el castigo divino de cualquiera de los hijos divinos de Dios que haya actuado de una manera no divina.

Esta doctrina, promulgada por muchas religiones, está pensada para eliminar la confusión que se crea cuando la definición tradicional de nuestra Deidad como un «Dios amoroso» va unida a la advertencia de que, sin embargo, debemos temerle.

Las religiones del mundo difícilmente podrían presentar a la humanidad la doctrina de una Deidad que juzga, es vengativa y está dispuesta a convertir el amor en ira sin que esa Deidad tuviera una razón para hacerlo, así que se *inventaron* una. No es la falta de *amor* lo que lleva a Dios a estas acciones, dijeron, sino la necesidad de *justicia.*

En vista de ello, nos dicen las religiones, deberíamos ser capaces de entender por qué las respuestas de Dios a las malas acciones de sus creaciones son, necesariamente, el juicio inapelable, la condena sin excepción y el castigo interminable. Incluso para la imperdonable maldad de pertenecer a la religión equivocada.

Por supuesto, las religiones simplemente podrían haber anunciado que su doctrina de «perfección» y «justicia» en el cielo surgía de un malentendido sobre la verdadera naturaleza de Dios, pero entonces no habría necesidad de juicio, condena y castigo en la otra vida. Y esta atemorizante perspectiva es la principal herramienta que permite captar y retener miembros para la mayoría de las religiones.

Así, a lo largo de siglos y milenios se ha declarado repetidamente que el cielo solo puede aceptar a los perfectos y a los justos y, por tanto, la necesidad de purificar a los *ligeramente* imperfectos (mediante el sufrimiento en el purgatorio) y de purgar a los *imperdonablemente imperfectos* (mediante el castigo eterno en el infierno) dispone de firmes cimientos en las enseñanzas religiosas de la humanidad, tanto en el pasado como, por arcaicas que parezcan, en el presente.

✳

Veamos ahora qué hay de cierto en todo esto.

Ningún relato explicativo sobre este tema puede acercarse a la claridad de un solo pasaje del material original que sustenta el texto que tienes en tus manos, así que vayamos allí en busca de un poco de claridad.

Lo que sigue es un extracto del libro *Las nuevas revelaciones: una conversación con Dios.* Como es posible que sepas, se trata de una conversación entre Dios y la humanidad.

Dios habla primero.

Incluso si yo tuviera el pensamiento —extraordinariamente impropio de Dios— de que no te «mereces» el cielo, ¿por qué tendría necesidad de buscar algún tipo de venganza o castigo por tu fracaso? ¿No me convendría más simplemente deshacerme de ti? ¿Qué parte vengativa de Mí requeriría que te sometiera a un sufrimiento eterno de un tipo y de un nivel indescriptibles?

Si respondes: «La necesidad de justicia», ¿no serviría a los fines de la justicia la simple negación de la comunión Conmigo en el cielo? ¿Se requiere también infligir un dolor interminable?

Te digo que después de la muerte no hay una experiencia tal como la que habéis construido en vuestras teologías basadas en el miedo. Sin embargo, hay una experiencia en la que el alma se siente tan infeliz, tan incompleta, tan poco plena, tan separada de la gran alegría de Dios, que para vuestra alma eso sería el infierno.

Pero te digo que yo no te envío allí, ni hago que esta experiencia recaiga sobre ti. Tú, tú mismo, creas la experiencia cuando separas tu Ser de tu propio pensamiento más elevado acerca de ti.

Tú, tú mismo, creas la experiencia, cuando quiera que niegas tu Ser; siempre que rechazas Quién y Qué Eres Realmente. Sin embargo, esta experiencia nunca es eterna. No puede serlo, porque no es Mi plan que estés separado de Mí para siempre. De hecho, tal cosa es imposible porque, para que ocurriera, no solo tendrías que negar Quién Eres, Yo también tendría que hacerlo. Y nunca haré eso. Y mientras uno de nosotros sostenga la verdad con respecto a ti, la verdad acabará prevaleciendo.

Pero, si el infierno no existe, ¿significa eso que puedo hacer lo que quiera, actuar como desee, cometer cualquier acto sin temor a represalias?

¿Es miedo lo que necesitas para ser, hacer y tener lo que es intrínsecamente correcto? ¿Debes sentirte amenazado para «ser bueno»? ¿Y qué es «ser bueno»? ¿Quién tiene la última palabra al respecto? ¿Quién establece las directrices? ¿Quién hace las normas?
Yo te digo esto: tú eres el que te impones las reglas a ti mismo. Tú estableces las directrices. Y tú decides lo bien que lo has hecho, lo bien que lo estás haciendo. Porque eres tú quien ha decidido quién y qué eres realmente, y quién quieres ser. Y tú eres el único que puede evaluar lo bien que lo estás haciendo. Nadie más te juzgará nunca, pues ¿por qué, y cómo, podría Dios juzgar Su propia creación y llamarla mala? Si quisiera que fueras perfecto y que lo hicieras todo perfectamente, te habría dejado en el estado de perfección total de donde viniste. El objetivo del proceso es que te descubras a ti mismo, que crees tu Ser, tal como eres y como realmente deseas ser. Sin embargo, no puedes ser eso a menos que también pudieras elegir ser otra cosa.

¿Debería, por tanto, castigarte por hacer una elección que Yo Mismo he puesto ante ti? Si Yo no quisiera que hicieras la segunda elección, ¿por qué habría de crearla?

Esta es una pregunta que debes hacerte antes de asignarme el papel de un Dios condenador.

La respuesta directa a tu pregunta es: sí, puedes hacer lo que quieras sin temor a represalias. Sin embargo, es posible que te resulte útil ser consciente de las consecuencias.

Las consecuencias son resultados. Resultados naturales. No son en absoluto lo mismo que retribuciones o castigos. Los resultados son simplemente eso. Son lo que resulta de la aplicación natural de las leyes naturales. Son lo que ocurre, de forma bastante previsible, como consecuencia de lo que *ha* ocurrido.

Toda la vida física funciona de acuerdo con las leyes naturales. Una vez que recuerdas estas leyes y las aplicas, has dominado la vida a nivel físico.

Lo que te parece un castigo, o lo que llamarías maldad o mala suerte, no es más que una ley natural afirmándose a sí misma.

Mucha gente no «entiende» esta idea de un Dios que dice: «No existe tal cosa como lo que está bien y lo que está mal», y que proclama que nunca seremos juzgados.

Bueno, ¡decídete! Primero dices que te estoy juzgando, y después te molestas porque no lo hago.

Lo sé, lo sé. Todo esto es muy confuso. Todos somos muy... complejos. No queremos Tus juicios, pero los queremos. No queremos Tus castigos, pero nos sentimos perdidos sin ellos.

Y cuando Tú dices: «Nunca te castigaré», no podemos creerlo, y algunos de nosotros casi nos enfadamos por eso. Porque si Tú no vas a juzgarnos y castigarnos, ¿qué nos mantendrá en el camino recto y estrecho? Y si no hay «justicia» en el cielo, ¿quién deshará toda la injusticia en la tierra?

¿Por qué cuentas con el cielo para corregir lo que llamas «injusticia»? ¿No caen las lluvias del cielo?

Sí.

Yo te digo esto: la lluvia cae sobre justos e injustos por igual.

Pero ¿qué hay de «Mía es la venganza, dice el Señor»?

Yo nunca dije eso. Uno de vosotros lo inventó y el resto se lo creyó.
La «Justicia» no es algo que experimentas después de actuar de cierta manera, sino *porque* actúas de cierta manera. La justicia es un acto, no el castigo *por* un acto.

Veo que el problema de nuestra sociedad es que buscamos «justicia» después de que se haya producido una «injusticia», en lugar de «hacer justicia» en primer lugar.

¡Has dado justo en el clavo! ¡Has dado en el clavo! La justicia es una acción, no una reacción. Por lo tanto, no me busques para que de alguna manera «arregle todo al final» imponiendo alguna forma de justicia celestial en la «otra vida».
Yo te digo esto: no hay «una vida en el más allá», sino solo vida. La muerte no existe. Y la forma en que expe-

rimentáis y creáis vuestra vida, como individuos y como sociedad, es vuestra demostración de lo que pensáis que es justo.

25

Y DOS COSAS MÁS, POR FAVOR

Aquí vamos a tocar otros dos temas que prometimos ampliar un poco antes de completar esta narración.

Tal vez recuerdes que en el capítulo 9 se dijo: «Dios es la vida misma, que es la expresión del amor en forma física. Toda expresión de vida es una expresión de amor. Puede que no parezca que es así a los ojos de la percepción limitada, pero esto es, con toda seguridad, profunda y eternamente cierto».

Esto merece una explicación.

✳

Cada acto es un acto de amor. Algunos actos de amor están profundamente distorsionados, terriblemente desviados y todos diríamos que son horriblemente malvados. Sin embargo, nacen del amor y son expresiones de amor, por muy deformados o desfigurados que puedan estar.

Si una persona no ama nada, esa persona no odiará nada. Porque una persona solo odia si no puede tener algo que ama, o si le arrebatan lo que ama.

Si una persona no ama nada, nunca se enfadará. Porque la persona solo se enfada si de alguna manera se viola, obstruye, niega o daña algo que ama.

A quien no ama, simplemente no le importa.

Esto no significa que los actos horribles y aborrecibles de los seres humanos sean condonados en modo alguno. Pero pueden ser comprendidos.

La humanidad se enfrenta al reto de que, en su etapa casi infantil, aún no ha aprendido a amar en toda circunstancia sin hacer daño nunca. Para los seres muy evolucionados es posible existir de esta manera. Muy pocos seres humanos han alcanzado el nivel de conciencia y conocimiento del que tal comportamiento surge siempre e inevitablemente.

Dios sabe esto y lo comprende.

Cuando otros hacen cosas que nosotros sentimos que, de alguna manera, nos hieren o nos dañan, nuestra respuesta puede ser la notable comprensión de que todo acto es un acto de amor. La forma más rápida de utilizar esta comprensión es: cuando nos sentimos heridos o dañados, hemos de pensar inmediatamente en un momento en el que nosotros hayamos hecho lo mismo —o casi lo mismo en contenido, aunque tal vez no en grado—, en nuestro trato con otros.

Hay muy pocas ofensas que se hayan cometido contra nosotros que nosotros mismos no hayamos cometido de algún modo. Todas las tradiciones espirituales lo reconocen. Por eso se nos han dado unas herramientas tan maravillosas como estas declaraciones:

«El que esté libre de pecado, que tire la primera piedra».

«No juzguéis, para que vosotros no seáis juzgados».

«Perdona nuestras ofensas, como nosotros perdonamos a los que nos ofenden».

La sabiduría que contienen estás declaraciones es mucho más profunda de lo que se podría pensar inicialmente. Está arraigada en el conocimiento de que todos los actos son actos de amor, y nosotros mismos nunca habríamos hecho daño a otro, deliberadamente o no, si no hubiéramos amado algo tan profundamente que estuvimos dispuestos a actuar de forma injuriosa hacia otros.

No es natural que los seres humanos se hagan daño entre ellos. Sencillamente, no forma parte de nuestra *naturaleza*. Se ha dicho que solo los que están heridos hieren. Y es verdad. Por eso, una de las cosas más reparadoras, restauradoras y remediadoras que podríamos decirle a alguien que sentimos que nos ha dañado es: «Por favor, dime..., ¿qué te duele tanto que sientes que tienes que herirme a mí para sanarlo?».

✳

La segunda cosa que hemos mencionado al principio de este capítulo se encuentra en el capítulo 18, donde se dice que todo servicio a uno mismo es un servicio a la Totalidad. «Hay múltiples razones por las que esto es verdad, como se hará evidente antes de que concluya esta narración», se decía allí, y espero que a estas alturas esto sea así, sobre todo después de haber leído el capítulo 23.

Allí, como recordarás, se dice: «Todas las cosas son Una Cosa. Solo hay Una Cosa, y todas las cosas son parte de la Única Cosa que hay».

Esto significa mucho más que «eres el guardián de tu hermano». Significa que tú *eres* tu hermano y tu hermano es tú; no hay separación, sino solo apariencia de separación, entre tú y Dios, y entre tú y cualquier otro ser vivo.

He interiorizado esto con una simple afirmación: lo que hago por ti, lo hago por mí. Lo que no hago por ti, no lo hago por mí. Solo hay uno de nosotros. Sé que parece que hay más de uno, pero somos un solo ser, individuado. Y todos deseamos lo mismo, porque todos *somos* lo mismo: Amor. Simplemente estamos buscando expresar y experimentar Quiénes Somos.

26

HA LLEGADO EL MOMENTO DE ELEGIR

Ha llegado el momento de tomar una decisión. No porque te estés acercando al final de este libro, sino porque la humanidad, como colectivo, está llegando al final de su capacidad para seguir como hasta ahora.

No digo esto a modo de advertencia catastrofista, sino de aviso para los sabios. Aquí tenemos que cambiar de rumbo, y la forma más rápida de hacerlo es cambiar nuestras ideas sobre Dios.

Esta es la decisión que ahora se nos invita a tomar. ¿Estamos dispuestos a cambiar lo que pensamos sobre Dios? Y de paso, ¿estamos dispuestos a tomar una decisión firme y definitiva sobre nosotros mismos y sobre quiénes somos?

Con casi cinco mil millones de personas de los siete mil millones que hay en el mundo diciendo que creen en un poder superior, puedes apostar tu vida (de hecho, *lo estás haciendo*) a que se están tomando decisiones importantes —decisiones políticas, económicas, medioambientales, educativas, sociales y espirituales— basadas en *lo que* la gente cree *sobre* ese poder superior. Y eso te incluye a ti.

Así que este asunto de cómo piensa la humanidad acerca de Dios, y lo que piensan los seres humanos de sí mismos con relación a Dios, no es un asunto menor, como señalamos en la primera frase del primer capítulo de este libro.

Por ejemplo, piensa en las vidas que se salvarían si nuestra especie abandonara los comportamientos que surgen de la noción de que todos estamos separados unos de otros y de Dios.

Imagina cómo sería la vida en este planeta si actuáramos como si no hubiera separación entre nosotros, si actuáramos con la certeza de *que* lo que hago por ti, lo hago por mí, y lo que no hago por ti, no lo hago por mí. Las consecuencias y las ramificaciones políticas, económicas y sociales de esta sola idea son asombrosas. Al implementar sobre el terreno este pensamiento, todos los sistemas que hemos creado para producir una vida mejor para cada persona podrían realmente *funcionar.*

Por fin.

El hambre podría terminar. La opresión podría terminar. La dominación podría terminar. El terrorismo podría terminar. El expolio del medio ambiente podría terminar. La pobreza extrema podría terminar. El sufrimiento humano en el mundo entero podría terminar.

※

Nuestros comportamientos disfuncionales *no pueden* terminar ahora mismo porque se basan en, y surgen de, una mentalidad de «supervivencia del más apto», que solo puede producirse con la creencia en la separación. Y en toda civilización donde el valor más alto es la supervivencia del Todo, en lugar de la supervivencia de sus partes, se produce una gran transformación.

Esto puede suceder ahora en la Tierra.

No de la noche a la mañana. No. No en una semana o en un mes o en un año. No. ¿Pero más pronto que tarde? Sí. ¿En décadas en lugar de siglos? Sí. Porque nuestra conciencia colectiva de unidad anulará rápidamente, y hará indeseables, todos nuestros comportamientos inconscientes anteriores.

Sin embargo, esto no es solo una cuestión de consecuencias globales. Cambiar de mentalidad sobre tu unidad con Dios y con los demás puede tener implicaciones inmediatas y notables en tu propia vida.

Puedes tener más paz. Puedes tener más alegría. Puedes tener más medios. Puedes tener más amor y compañía. Y no solo temporalmente. No solo de vez en cuando. No solo aquí y allá, sino durante el resto de tu vida. Y todo a partir de un simple cambio en tu forma de pensar.

Este texto tiene como objetivo ayudarte a empezar a caminar en esa dirección. Termina aquí, invitándote a que tú empieces aquí. Te desafía a tomar una decisión sencilla, que guarda relación con cómo te ves a ti mismo en el universo.

Escribí sobre esto en *La tormenta antes de la calma*, y quiero repetir aquí lo que dije allí, porque esta decisión podría cambiar tu vida para siempre.

✳

Proposición: Tú tienes (y todos nosotros tenemos) dos opciones en cuanto a lo que piensas de ti mismo.

Opción 1: Puedes concebirte a ti mismo como una criatura química, un «incidente biológico lógico». Es decir, el resultado lógico de un proceso biológico en el que participan dos procesos biológicos anteriores llamados tu madre y tu padre.

Si te ves a ti mismo como una criatura química, te verás a ti mismo sin más conexión con los procesos más amplios de la vida que cualquier otra forma de vida química o biológica.

Como todos los demás, te verás afectado *por* la vida, pero tendrás muy poco impacto *en* la vida. Ciertamente no podrías crear eventos, excepto en un sentido remoto e indirecto. Podrías crear más *vida* (todas las criaturas químicas tienen la capacidad biológica de recrear más de sí mismas), pero no podrías crear lo que la vida *hace*, o cómo «aparece» en cualquier momento dado.

Además, como criatura química, te verías a ti mismo con una capacidad muy limitada para crear una *respuesta* intencional a los acontecimientos y condiciones de la vida. Te verías como una criatura de hábitos e instintos, y solo dispones de los recursos que te brinda tu biología.

Te verías a ti mismo con más recursos que una tortuga, porque tu biología te ha dotado de más. Te verías a ti mismo con más recursos que una mariposa, porque tu biología te ha dotado de más.

Te verías a ti mismo teniendo más recursos que un simio o un delfín, porque tu biología te ha dotado de más (pero, en estos casos, tal vez no mucho *más*). Sin embargo, eso es todo lo que tendrías en cuanto a recursos.

Te verías enfrentándote a la vida día a día, tal como viene, quizá con un poco de aparente «control» basado en la planificación previa, etc., pero sabrías que en cualquier momento algo puede ir mal, y a menudo lo hace.

Opción 2: Podrías concebirte como un ser espiritual que habita en una masa biológica, a la que yo llamo «cuerpo».

Si te vieras a ti mismo como un ser espiritual, te verías teniendo poderes y habilidades que van mucho más allá de los de una simple criatura química; poderes que trascienden la dimensión física y sus leyes.

Entenderías que estos poderes y habilidades te dan un control colaborativo sobre los elementos *exteriores* de tu vida individual y colectiva, y un control completo sobre los elementos *interiores*, lo que significa que tienes la capacidad total de crear tu propia realidad, porque tu realidad no tiene nada que ver con *producir* los elementos exteriores de tu vida y sí tiene todo que ver con cómo *respondes a* los elementos que han sido producidos.

Además, como ser espiritual, sabrías que estás aquí (en la Tierra, claro) por una razón espiritual. Se trata de un propósito muy concreto y tiene poco que ver directamente con tu ocupación o carrera, con tus ingresos, posesiones, logros o lugar en la sociedad, o con *cualquiera* de las condiciones o circunstancias externas de tu vida.

Sabrías que tu propósito tiene que ver con tu vida *interna*, y que lo bien que te vaya en la *consecución* de tu propósito muy a menudo puede tener un *efecto* en tu vida externa.

Porque la vida interna de cada individuo produce acumulativamente la vida externa del colectivo. Es decir, de las personas que te rodean, y de las personas que están alrededor de esas personas que están a tu alrededor. De esta manera tú, como ser espiritual, participas en la evolución de tu especie.

Mi propia respuesta: He decidido que soy un ser espiritual, un ser con tres partes, compuesto por cuerpo, mente y alma. Cada parte de mi ser tripartito tiene una función y un propósito. A medida que voy comprendiendo cada una de esas funciones, cada aspecto de mí comienza a servir más eficientemente a su propósito en mi vida.

Soy una individuación de la Divinidad, una expresión de Dios, una singularización de la singularidad. No hay separación entre Dios y yo, ni hay ninguna diferencia, excepto en cuanto a proporción. En pocas palabras, Dios y yo somos uno.

Esto plantea una pregunta interesante. ¿Se me está acusando de herejía con razón? ¿Las personas que creen que son divinas no son más que lunáticos delirantes? ¿O, peor aún, son apóstatas?

Me lo preguntaba. De modo que investigué un poco. Quería averiguar qué decían al respecto las fuentes religiosas y espirituales. Esto es algo de lo que encontré...

Isaías 41:23: «Anunciadnos las cosas que han de venir, para que sepamos que vosotros sois dioses. Veamos: haced bien o haced mal, para que nos admiremos y lo veamos de una vez».

Salmo 82:6: «Yo he dicho: "Dioses sois, e hijos del Altísimo, todos vosotros"».

Juan 10:34: «Jesús les respondió: ¿no está escrito en vuestra ley: "Yo dije: Dioses sois"?».

El filósofo indio Adi Shankara (788-820 d. C.), el principal responsable de la exposición inicial y de la consolidación del Advaita Vedanta, escribió en su famosa obra *Vivekacudamani*: «Brahman es la única verdad, el mundo espacio-temporal es una ilusión, y en última instancia existen Brahman y el yo individual».

Sri Swami Krishnananda Saraswati Maharaj (25 de abril de 1922 - 23 de noviembre de 2001), un santo hindú, dijo: «Dios existe; solo hay un Dios; la esencia del hombre es Dios».

Según el budismo, en última instancia no existe un Ser independiente del resto del universo (la doctrina del *anatta*). Asimismo, si entiendo correctamente a ciertas escuelas de pensamiento budistas, los humanos regresan a la tierra en sucesivas vidas en una de seis formas, y en la última de ellas se les llama Devas..., que se traduce de diversas maneras como *dioses* o *deidades*.

Entre tanto, la antigua disciplina china del taoísmo habla de encarnación y pragmatismo, de realizar una práctica comprometida para *actualizar el orden natural dentro de uno mismo.* Los taoístas creen que el hombre es un microcosmos del universo.

El hermetismo es un conjunto de creencias filosóficas y religiosas, o gnosis, basadas principalmente en los escritos egipcios y helenísticos atribuidos a Hermes Trimegisto. El hermetismo enseña que existe un Dios trascendente, El Todo, o «Causa» una, de la que nosotros y el universo entero participamos.

Este concepto se expuso originalmente en *La Tabla Esmeralda de Hermes Trismegisto*, en las famosas palabras: «Lo que está abajo se corresponde con lo que está arriba, y lo que está arriba se corresponde con lo que está abajo, para lograr los milagros de la Única Cosa».

Y en el sufismo, una disciplina esotérica del islam, la enseñanza *No hay más Dios que Dios* se cambió hace mucho tiempo por *No hay nada más que Dios.* Lo que me convertiría en..., bueno..., *Dios.*

✳

¿Es suficiente? ¿Deseas o necesitas más? Puede que te resulte instructivo y fascinante visitar la Wikipedia, la fuente a la que le debo agradecer gran parte de la información anterior.

También puedes leer los extraordinarios libros de Huston Smith, un profesor de religión mundialmente reconocido. Entre los títulos que más recomiendo de él están: *Las religiones del mundo: nuestras grandes tradiciones de sabiduría,* y *La verdad olvidada: la visión común de las religiones del mundo.*[3]

Así que... esta es mi respuesta a la invitación que la vida me presenta —y que nos presenta a todos nosotros— con respec-

---

3. Ambos en editorial Kairós, Barcelona. (N. del E.)

to a tomar una decisión sobre Quién Soy. Soy una representación externa de Lo Divino. Soy Dios en forma humana. Todos nosotros lo somos.

¿Cuál es tu respuesta?

27

PONERLO TODO JUNTO:
UNA SIMPLE DECLARACIÓN QUE EXPLICA TODAS LAS COSAS

Se ha dicho mucho en este libro. Y espero que te haya ayudado. Sé, debido a su título, que no lo habrías elegido si no estuvieras creando en tu vida tantas oportunidades como puedes de continuar la búsqueda.

Ni siquiera tengo que decirte de qué búsqueda estoy hablando. Sabes exactamente a qué me refiero.

Si *El mensaje de Dios al mundo* te ha hecho avanzar en esa búsqueda al llevar tu conciencia más cerca de tu propia verdad, ha cumplido su propósito. Incluso si tu verdad es diametralmente opuesta a lo que se ha expuesto aquí, este libro ha hecho su trabajo. Porque su propósito desde el inicio, como *se dijo* al principio mismo, no es convencerte de nada, sino proponerte algunas ideas que puede valer la pena explorar.

Voy a pedirte permiso para concluir este texto resumiendo todo el libro en treinta y cinco párrafos. Solicito tu permiso porque, para hacerlo, debo usar una vez más una herramienta que he utilizado generosamente a lo largo de todo el libro: la repetición.

Como dije inicialmente, nuestra antigua historia cultural se ha mantenido durante tanto tiempo porque sus defensores no han tenido reparos ni problema en repetirla una y otra vez.

Este libro sugiere, en unas 60.000 palabras repartidas en veintiséis capítulos, que escribamos una nueva historia cultural para reemplazar a la antigua, creando una nueva manera de ser humanos para reemplazar a la antigua, y produciendo una nueva experiencia de vida para reemplazar a la antigua.

He aquí la declaración simple y directa que la humanidad ha estado esperando: una explicación clara y concisa de la totalidad de la Experiencia Humana:

El propósito divino es que la Divinidad utilice la vida para expresar divinidad, a fin de que la Divinidad pueda experimentar la divinidad en todos sus aspectos. En resumen, Dios está utilizando la vida para experimentarse a Sí Mismo.

La divinidad solo puede experimentarse a través de su expresión. La Divinidad puede ser imaginada, se puede pensar en ella y el alma puede tenerla en la conciencia, pero hasta que no se expresa, solo es un concepto; a menos que se exprese, no puede ser experimentada.

Aquí, por tanto, está el conocimiento del alma: no puedes experimentar la divinidad hasta que la expresas.

Puedes hablar de amor, puedes imaginar el amor, puedes pensar en el amor, puedes contemplar al amor como una idea conceptual, pero hasta que no lo expreses, no podrás experimentarlo.

Puedes hablar de compasión, puedes imaginar la compasión, puedes pensar en la compasión, puedes contemplar la compasión como una idea conceptual, pero mientras no la expreses, no podrás experimentarla.

Puedes hablar de comprensión, puedes imaginar la comprensión, puedes pensar en la comprensión, puedes contemplar la comprensión como una idea conceptual, pero si no la expresas, no puedes experimentarla.

La divinidad es todas estas cosas y muchas más. Es paciencia y amabilidad, bondad y misericordia, aceptación y tolerancia, sabiduría y claridad, gentileza y belleza, altruismo y nobleza, benevolencia y generosidad. Y sí, incluso mucho más que todo esto.

Puedes imaginar todas estas cosas, puedes pensar en todas estas cosas, puedes contemplar todas estas cosas como ideas conceptuales, pero hasta que no expreses todas estas cosas en ti, a través de ti, como tú, no has experimentado la divinidad.

Y nunca tendrás la oportunidad de experimentar estas cosas a menos que la vida te la brinde. Esto es lo que la vida hace todos los días. De hecho, este es el propósito de la vida misma.

Por lo tanto, cuando la vida te trae desafíos, dificultades, y condiciones, situaciones y circunstancias únicas que son ideales para sacar lo mejor de ti, «no juzgues ni condenes». Más bien, sé una luz en la oscuridad para que puedas saber Quién Eres Realmente, y para que todos aquellos cuyas vidas tocas también puedan saber quiénes son a la luz de tu ejemplo.

Aunque sin duda la idea de que «Dios utiliza la vida para conocerse a sí mismo» no es nueva, es muy posible que desees saber más sobre por qué Dios obra así. Aquí tienes la explicación.

Dios no puede experimentar todo lo que Él es solo dentro del reino espiritual, porque en ese reino no hay nada que Dios no sea. El reino espiritual es el lugar donde Dios es todo lo que hay, donde el amor es todo lo que hay, donde la perfección es todo lo que hay. Es un lugar maravilloso, porque no hay nada más que divinidad. Es, en resumen, lo que llamarías el cielo.

Existe, sin embargo, esta realidad particular: no hay nada que Dios no sea. Y si está ausente lo que Dios no es, lo que Dios es... no puede ser experimentado.

Lo mismo es válido con respecto a ti. No puedes experimentar lo que eres excepto en presencia de lo que no eres. Tampoco se puede experimentar nada a menos que esté en un campo contextual que incluya su opuesto.

La luz no se puede experimentar sin la oscuridad. En la experiencia, «arriba» no tiene sentido sin «abajo». «Rápido» es simplemente un término, una palabra que no tiene ningún significado sin «lento».

Solo en presencia de lo que llamamos «pequeño» puede experimentarse lo que llamamos «grande». Podemos decir que algo es «grande», podemos imaginar que algo es «grande», podemos conceptualizar algo como «grande», pero en ausencia de algo que sea «pequeño», no puede experimentarse lo «grande».

Asimismo, en ausencia de algo «finito», no se puede experimentar lo «infinito». Dicho en términos teológicos, podemos conocer la «divinidad» conceptualmente, pero no podemos conocerla experimentalmente.

Por lo tanto, todas las personas y acontecimientos de tu vida —ahora o en el pasado— que parecen estar «en desacuerdo» con quién eres y lo que eliges experimentar, son simplemente regalos de la fuente más elevada —creados para ti y llevados a ti a través del proceso colaborativo de las almas cocreadoras— que te permiten encontrarte a ti mismo en un campo contextual dentro del cual se hace posible la experiencia más plena de Quién Eres Realmente.

O, como se dijo tan maravillosamente en *Conversaciones con Dios*: «No te he enviado más que ángeles».

Ahora hay una declaración que recordar. Aquí se dijo que tu eterno viaje sagrado tiene un propósito, y ciertamente lo tiene. Es un propósito establecido por la divinidad misma.

El propósito divino es expandir la Realidad de Dios.

Em Claire cristaliza esta idea para nosotros en su poema
¿Qué es lo que te fue dado?

¿Qué es lo que te fue dado?
Me refiero a lo que la pérdida te dio.
Después
de lo que te fue arrebatado.
Aquello sin lo que nunca podrías vivir:
la persona
o el lugar;
el secreto o la circunstancia.
Ahora que se ha ido
y ya no puedes llamarlo fundamento,

¿qué es lo que te fue dado?

Tú sabes, y yo sé esto:
se produce un vaciamiento.
Algo viene y te abre

justo
por
el
medio.

Y desde ese momento
ya no eres inmune a este mundo.

Te despiertas, deambulas,
todo lo familiar ahora es extraño.
Caminas como entre agua
hasta que regresas a tu cama

y finalmente, incluso allí, tus sábanas,
el aroma de tu almohada, es diferente,
como si alguien repintara tu habitación a diario,
desplazara algo,
perturbara un recuerdo atesorado.

Ves, a veces *somos* vaciados.

Somos vaciados porque la Vida quiere que sepamos
mucho
más.

Luz.

En términos simples (y estos son términos simples), Dios está creciendo, convirtiéndose más en Sí mismo, a través del proceso que llamamos vida. Dios ES este proceso. Dios es tanto el proceso de la vida misma... como su resultado. Así, Dios es el Creador y lo Creado. El Alfa y la Omega. El Principio y el Fin. El Primer Motor Inmóvil. El Observador no Observado.

En términos no tan simples, Dios no puede «crecer» porque todo lo que Dios fue alguna vez, es ahora o será, *es Ahora*. No hay tiempo ni espacio. Por lo tanto, no hay tiempo en el que crecer, ni espacio en el que crecer. El ciclo de la vida está ocurriendo simultáneamente en todas partes.

Lo que la mente humana quiere llamar «crecimiento» de Dios es el proceso mediante el cual las Individuaciones de la Divinidad experimentan —y así toman conciencia de— más y más de lo que Dios ya sabe que [Él Mismo] es. Sin embargo, incluso esto parece que requiere la sensación o condición llamada «tiempo» para que ocurra... a menos que... todo el contenido de la vida se manifieste, en la Realidad Última, de una sola vez en un solo lugar. Es como el DVD de una película, la historia completa existe en su totalidad en este momento, pero nosotros experimentamos la historia *desarrollándose* al mirar la totalidad de una manera particular. Este proceso por el cual Dios hace que Sus partes individuales experimenten el Todo, pieza por pieza, es lo que se ha llamado vagamente evolución.

Todo esto no se explica fácil o completamente en términos humanos. Ninguna forma finita, por la misma razón de ser finita, podría contener la conciencia, la percepción y la experiencia infinitas del Todo. Pero cada forma individualizada fue diseñada de manera única para reflejar un aspecto particular de la divinidad misma, con el Todo dividiéndose (no confundir con separarse) a Sí Mismo, recreándose en una forma más pequeña y finita.

Volver a juntar todos estos aspectos, como se juntan las piezas de un rompecabezas, produce la imagen creada por todas las piezas. Es decir: Dios.

Todas las piezas forman parte de la imagen, y ninguna de ellas es menos parte de la imagen que cualquier otra.

Ahora bien, algunas formas de vida han sido dotadas de un nivel de Esencia Esencial (la energía pura de la que todo brota) que es suficiente para producir la posibilidad de que esa Esencia se conozca a Sí Misma. Esta cualidad de ciertos seres vivos se llama autoconciencia.

La vida humana (y sospechamos con buenas razones que la vida en otras partes del universo) fue diseñada de tal manera que permite lo que llamamos la «expansión» de la conciencia y la experiencia.

De hecho, la conciencia humana puede expandirse hasta el punto de reconocerse a sí misma como parte del Todo. Jesús, por ejemplo, dijo: «Yo y el Padre somos uno». Él entendió perfectamente su relación con Dios. Entendió que la imagen que creaba el rompecabezas no estaba completa sin él. Él era la culminación. Como lo somos todos.

Quita una pieza del rompecabezas y la imagen no está completa. La experiencia de volverse plenamente autoconsciente ocurre a través de un proceso por el cual el aspecto individualizado en realidad no crece, sino que se vuelve cada vez más consciente de que no tiene que crecer: realmente es, en su forma individualizada, la divinidad misma. La pieza individual se reconoce a sí misma como el rompecabezas en sí, simplemente dividido.

La espectacular transición fisiológica, psicológica y teológica hacia ese nivel superior de autoconciencia solo ocurre una vez en la historia de cada especie sensible del cosmos, y esto es precisamente lo que está sucediendo ahora mismo dentro de la raza humana.

28

¿ES ESTE REALMENTE
UN MENSAJE DE DIOS?

Tan seguro como que cualquier cosa en la vida es un mensaje de lo Divino (y muchos han declarado que gran parte de las cosas de la vida son mensajes divinos), las ideas de este libro también lo son. Tú las has traído hasta ti mismo, atrayéndolas a tu esfera de manera tan cierta que, en algún nivel, has magnetizado toda tu experiencia, y todo ello con el mismo propósito: tu propia evolución.

Antes de este momento Dios ya ha puesto estos mismos mensajes ante el mundo. Estos mensajes se han enviado muchas, muchas veces. Estas verdades se han dado a conocer a lo largo de todos los años y de todas las épocas de la humanidad, en las voces y en los escritos de innumerables personas.

Y ahora, el día del mensajero individual ha terminado. Este es el momento de nuestra historia en el que el mensaje acumulativo de toda la humanidad está mostrando plenamente su efecto acumulado. Porque ahora, por primera vez en la experiencia de nuestra especie, *todos podemos hablar entre nosotros al instante.*

En este momento, Internet ha hecho por la humanidad lo que la imprenta de Gutenberg hizo en 1440. Este método de impresión no solo creó una revolución en la producción de libros, también impulsó la evolución de la especie al triple de velocidad al permitir difundir *el conocimiento* y *compartir sabiduría* gracias a información compartida en los libros impresos.

Justo cuando pensábamos que habíamos alcanzado la cúspide de la transferencia de información a mediados del siglo XX, llegó Internet, haciendo lo mismo que la imprenta hace 500 años, pero esta vez impulsando la evolución de la humanidad a una velocidad *cinco veces mayor*.

Y al igual que entonces se hicieron grandes esfuerzos para evitar que las masas se abrieran a algunas ideas, prohibiendo ciertos libros (una práctica que continúa hasta el día de hoy), lo mismo ocurre ahora. En algunos países se hacen esfuerzos gigantescos para prohibir ciertos sitios web, y en muchas más naciones para limitar el alcance general de Internet en sí, y todo con el mismo fin: para que ciertas ideas —las ideas que aquellos que controlan, aquellos en posiciones de poder, no quieren que se compartan— no puedan difundirse fácil o rápidamente.

Sin embargo, el avance de la evolución no será, ni puede ser, sofocado, solo ligeramente ralentizado. Llegará el día en que el intercambio de ideas revolucionarias sobre Dios creará una historia cultural completamente nueva para la humanidad.

✳

Te digo que llegará el día en que nos preguntemos cómo pudimos pensar que Dios y nosotros no éramos Uno. Cómo pudimos pensar que nosotros y todos los demás seres humanos de todos los países no teníamos exactamente el mismo interés, y no nos correspondía una *parte* igual de toda la riqueza, los recursos y las maravillas que están disponibles en la vida física de este glorioso planeta.

Llegará el día en que nos preguntaremos cómo pudimos pensar que Dios tenía a unos «elegidos» que eran mejores que otros, que los hombres eran mejores que las mujeres, que los blancos eran mejores que los negros, que los heterosexuales eran mejores que los homosexuales, o que la *idea de* «mejor» *existía* siquiera en la mente de Dios.

Para que este día llegue más pronto que tarde, vamos a tener que cambiar el énfasis que ponemos en cómo resolver los problemas de la humanidad. Para ser justo con nuestra especie, no es que no lo hayamos intentado. Lo hemos hecho. Pero la dificultad —la razón por la que miles de millones de personas siguen viviendo en la pobreza extrema, sin electricidad ni la dignidad de un saneamiento en el hogar— es que la humanidad lleva siglos intentando resolver sus problemas *a todos los niveles, excepto al nivel en el que dichos problemas existen.*

Y sigue haciéndolo a día de hoy.

Actualmente abordamos nuestros problemas como si fueran problemas políticos, abiertos a soluciones políticas. Hablamos de ellos, convocamos debates para tratarlos, aprobamos resoluciones sobre ellos.

Cuando nada cambia, tratamos de resolver nuestros problemas por medios económicos. Les dedicamos dinero, o retenemos dinero de ellos, como en el caso de las sanciones.

Cuando esto falla, decimos: «¡Ajá! Este es un problema para que lo resuelvan los militares. Lo resolveremos por la fuerza». Así que disparamos balas y lanzamos bombas. Si lo que se busca es una solución a largo plazo, esto tampoco funciona. Pero ¿crees que aprendemos de estos intentos?

No. Simplemente empezamos el ciclo de nuevo. Así que convocamos «conversaciones de paz» y volvemos a la mesa de negociaciones. Allí negociamos reparaciones y ayuda financiera para curar las heridas abiertas y calmar a las masas. Cuando eso resulta ser solo un parche, volvemos a las andadas. Sacad las armas. Traed las bolsas para los cadáveres.

La razón por la que seguimos corriendo como el hámster en la rueda es que nadie se atreve a mirar la *causa* de las condiciones que parecemos destinados a soportar continuamente.

En realidad no sabemos, o tenemos miedo de admitir que, a día de hoy, nuestro mayor problema no es político, económico ni militar.

El problema al que se enfrenta la humanidad hoy es un problema espiritual. Tiene que ver con las *creencias* humanas.

Una vez que se entiende esto, la solución se vuelve obvia. Hasta que no se entiende, nadie da con la solución.

✳

Observo que la mayoría de las personas construyen sus vidas en torno a dos formas de responder: pensar y hacer. Piensan en cosas y hacen cosas; piensan en cosas y hacen cosas; piensan en cosas y hacen cosas. Y lo que hacen *depende de lo que piensan*.

Esto puede parecer casi absurdamente obvio, pero, en cualquier caso, es importante decirlo aquí porque casi todas las organizaciones sin fines de lucro y agencias gubernamentales del planeta buscan mejorar nuestro mundo cambiando lo que los humanos están haciendo en lugar de lo que los humanos están pensando.

Lo que la gente *cree* es lo que crea su comportamiento. Lo hemos dicho aquí una y otra vez, y no se puede repetir con suficiente frecuencia. Es a nivel de las creencias, no a nivel del comportamiento, donde la experiencia de la humanidad se modificará más profundamente.

En círculos de psicología hemos estado hablando durante décadas sobre la *modificación del comportamiento*. En realidad, de lo que deberíamos estar hablando es de modificar las creencias. Sin embargo, ahora estamos hablando de la parte más sagrada de los cimientos de la persona. Muchos preferirían morir por sus creencias, o matar a otros, antes que cambiarlas.

No importa si las creencias en sí mismas son funcionales. No importa si hacen feliz a la gente y producen una vida mejor. Algunos prefieren ser infelices haciendo aquello en lo que creen, a ser felices haciendo otra cosa.

Esta es la clave del problema. Aquí es donde la familia humana debe centrar ahora toda su atención. Si realmente queremos cambiar nuestras vidas y, en las maravillosas palabras de Robert Kennedy, buscar un mundo nuevo, *aquí es donde debemos centrar toda nuestra atención.*

Considera este extracto del final de *Las nuevas revelaciones*:

Todos los comportamientos están patrocinados por creencias. No se puede hacer un cambio a largo plazo en los comportamientos sin abordar las creencias que los sustentan.

En este momento, vuestro mundo se enfrenta a problemas enormes, y debe *resolverlos a nivel de las creencias.* No podéis resolverlos a nivel del comportamiento.

Procura cambiar las creencias, no los comportamientos.

Después de cambiar la creencia, el comportamiento cambiará por sí solo.

Pero somos una sociedad muy orientada a la acción. El mundo occidental, en particular, siempre ha encontrado soluciones en la acción, no en la contemplación serena o en la filosofía.

Puedes tomar cualquier medida que desees para alterar el comportamiento de otra persona o para detenerlo, pero a menos que alteres las creencias que produjeron tal comportamiento, no alterarás nada ni detendrás nada. Puedes alterar una creencia de dos maneras. O bien ampliándola, o cambiándola por completo. Pero debes hacer una cosa u otra, o no alterarás el comportamiento. Solo lo interrumpirás.

En otras palabras, el comportamiento volverá.

¿Hay alguna duda al respecto? ¿No ves que tu historia se repite?

Ya veo, sí. Y es frustrante.

Tu especie hace lo mismo una y otra vez porque no ha cambiado sus creencias básicas —sobre Dios y sobre la Vida— *en milenios.*

Las creencias se enseñan en prácticamente todas las escuelas de tu planeta, en casi todas las culturas, de una forma u otra. A menudo se presentan como «hechos», pero no dejan de ser creencias.

Esto no sería tan malo, y no produciría resultados tan terribles, si lo que crees, si lo que enseñas, fuera lo que es. Pero *no es* lo que es. Enseñas a tus hijos lo que *no es*, y *les dices* «esto es así».

En su mayor parte, no lo haces intencionalmente. No sabes que son falsedades. Después de todo, son las cosas que te enseñaron a *ti*. Por lo tanto, asumes que son ciertas. De esta manera «los pecados de los padres se extienden sobre los hijos, hasta la séptima generación».

En algunas escuelas —en particular en algunas escuelas religiosas donde se anima a los niños pequeños a ver la vida a través del prisma de doctrinas religiosas particulares y prejuicios culturales— el resultado de esto es la endogamia de comportamientos increíblemente negativos, que reflejan creencias extraordinariamente erróneas.

Enseñas a tus hijos a creer en un Dios intolerante y, por lo tanto, condonas sus propios comportamientos de intolerancia.

Enseñas a tus hijos a creer en un Dios enojado y, por lo tanto, condonas sus propios comportamientos iracundos.

Enseñas a tus hijos a creer en un Dios vengativo, así condonas sus propios comportamientos vengativos.

Luego envías a estos hijos tuyos a luchar contra los demonios de tu propia creación. No es casualidad que, con diferencia, el mayor número de «guerreros» en cualquier movimiento radical sean jóvenes.

Cuando lleváis a los más jóvenes de entre vosotros desde las escuelas religiosas o las academias militares directamente a vuestras fuerzas armadas, prometiéndoles que luchan por «una causa superior», «un propósito grandioso», o que *Dios está de su lado*, ¿qué van a pensar?

¿Van a contradecir a sus mayores, a sus profesores, a sus sacerdotes, a sus ulemas?

Sin embargo, si no tenéis cuidado, *vuestros propios hijos os desmontarán.*

✳

Y así, el desafío central de nuestro tiempo está claro: invitar, alentar, inducir a la humanidad a considerar, solo *considerar,* la posibilidad de que pueda haber algo que no entendemos completamente sobre Dios y sobre la vida, algo cuya comprensión lo cambiaría todo.

Lo que nuestro mundo necesita ahora es un movimiento de los derechos civiles del alma, que por fin libere a la humanidad de la opresión de sus creencias en un Dios violento, enojado y vengativo.

Con ese fin, me he unido a quienes comparten este punto de vista en todo el mundo para crear Humanity's Team (www. HumanitysTeam.org) y, a través de esa organización mundial, iniciar una Revolución de la Evolución.

Os invito a todos a uniros a este esfuerzo, porque la elevación de la humanidad a través de su propia evolución no es algo que pueda lograrse sin vosotros. Este proceso invita, anima, es más, suplica vuestra participación directa.

Lo más triste es que imaginamos que no podemos cambiar nada de esto. La mayor felicidad es que podemos. Todo lo que se necesita es un cambio en la conciencia, y eso es más fácil de lograr de lo que la mayoría de la gente piensa.

Todo cambio de conciencia lo crean personas que ya han cambiado su conciencia, y que luego hablan de sus ideas con otros de manera activa, entusiasta y expansiva, describiendo las posibilidades que una Nueva Historia Cultural abre para la humanidad.

En *La tormenta antes de la calma* compartí una observación chisposa y brillante que Margaret J. Wheatley, autora de *Turning to One Another: Simple Conversations to Restore Hope to the Future* (2002) a su vez había compartido con la humanidad. La señora Wheatley no carece de credenciales. Es conocida a nivel mundial como consultora del comportamiento organizacional, recibió su doctorado de la Universidad de Harvard, tiene un máster en pensamiento sistémico de la Universidad de Nueva York y ha trabajado en todos los continentes habitados en todo tipo de organizaciones. Esto es lo que dice:

«No hay forma más poderosa de iniciar un cambio social significativo que entablar una conversación».

Como ves, hay algo que puedes hacer. Y no tienes que poner tu propia vida patas arriba, ni comprometerte a dedicar cientos de horas al mes para hacerlo. Simplemente tienes que estar dispuesto a hablar de las cosas. A decir en voz alta lo que llevas en el corazón.

Puedes hacerlo sacando el tema cuando y dondequiera que se congregue gente estimulante. Incluso puedes *hacer* que se congreguen iniciando un grupo de debate en tu propia casa. Si quieres ser realmente atrevido, invita al pastor de tu iglesia local a que te permita iniciar allí un grupo de debate.

Si crees que esto te «expone» demasiado, podrías convertirte en lo que yo llamo un «activista silencioso». Ofrece este libro a familiares y amigos diciéndoles «por si te vale de algo», y simplemente pregúntales qué piensan de él. Deja accidentalmente copias de él por todas partes. Olvídalo y déjalo en un banco del parque o en un asiento del metro. Añádelo a los libros que hay sobre la mesa de la peluquería. Déjalo en una cafetería. Piérdelo en un avión. Permite que llegue a la mesa de venta de libros de tu organización de caridad. Crea formas de unirte a una red de distribución clandestina.

Si crees que hablar abiertamente de estos temas puede parecer fuera de lugar en el acelerado mundo actual, en el que no hay tiempo para hablar, ten en cuenta lo que la señora Wheatley observó en su artículo de 2002 en *Utne Reader:* «[...] la verdadera conversación es [...] una forma atemporal y fiable de que los humanos piensen juntos. Antes de que existieran las aulas, las reuniones o los facilitadores de grupos, había personas que se sentaban a hablar».

«Podemos animarnos por el hecho de que este es un proceso que todos sabemos hacer. También podemos animarnos por el hecho de que mucha gente está deseando volver a conversar [...] estamos despertando una antigua práctica, una forma de reunirse que todos los seres humanos entienden íntimamente».

Dicho esto, la señora Wheatley ofreció un poderoso comentario final:

«El cambio no se produce porque alguien anuncie el plan. El cambio comienza desde lo profundo dentro de un sistema, cuando unas pocas personas se dan cuenta de algo que ya no van a tolerar, o cuando responden al sueño de alguien sobre lo que es posible».

Precisa y literalmente de esto trata la Revolución de la Evolución. Es un llamamiento a personas de todas partes, reunidas en pequeños grupos de activistas espirituales de todo el mundo, para iniciar una conversación global que *sembrará las semillas de la cordura*, produciendo por fin la *civilización de la Civilización*.

Te invito a participar en esta iniciativa, porque la labor de la evolución de nuestra querida especie solo avanzará si realmente ves esta labor como algo tuyo.

Simplemente lo derramo todo en Dios.
No sé si mi dios es
el mismo que tu dios:

¿Está hecho de Amor?
¿Desea para ti lo que *tú deseas* para ti?
¿Viene a ti con las manos abiertas,
sin pedir nada, pero dispuesto a todo?

¿Te habla en susurros de Luz y de
Quietud, y te señala *cualquiera de*
los caminos que te llevarán allí?
¿Te recuerda tu Visión?
¿Te recuerda tu Saber?
¿Te recuerda al Amante más gentil
que jamás hayas soñado,
que alivia todo tu cuerpo,
o acaricia el cansancio de tu corazón?

¿Llega tarde alguna vez?
¿Alguna vez se va?
¿Está hecho de Amor?

«¿Está hecho de Amor?».
Em Claire
©2014 Todos los derechos reservados

LECTURA ADICIONAL

Si el mensaje de este libro ha creado en ti el impulso de continuar explorando más allá de la actual historia cultural sobre la naturaleza de la divinidad, descubrirás que hay un libro en particular que es extraordinariamente estimulante, críticamente importante y de enorme impacto. Lo he citado en el presente texto más de una vez. Se titula *Las nuevas revelaciones*, y es el sexto de los volúmenes de *Conversaciones con Dios*.

Te aseguro que no quieres perderte este libro. Y si ya lo has leído, léelo de nuevo. Ahora tendrá aún más significado para ti.

Además, los siguientes títulos te resultarán muy útiles porque amplían y ofrecen una considerable expansión narrativa del material original de la serie *Conversaciones con Dios*:

Lo único que importa.
La tormenta antes de la calma.
The holy experience.
El cambio está en ti.
Lo que dijo Dios.

Y si deseas «mantenerte conectado» interactivamente con la energía de este libro, ve a: www.CWGConnect.com, donde una comunidad mundial en crecimiento lleva a cabo la exploración de cómo aplicar estos mensajes a la vida cotidiana, y donde tú y yo podemos encontrarnos y debatir todos los temas que se han planteado aquí.

SOBRE EL AUTOR

Neale Donald Walsch es un mensajero espiritual de nuestros días cuyo trabajo ha tocado las vidas de millones de personas. Ha escrito veintinueve libros sobre espiritualidad contemporánea en los veinte años transcurridos desde que tuvo una experiencia en la que sintió la presencia de lo Divino, comenzó a hacerle preguntas en un bloc de notas amarillo y recibió respuestas que fue anotando. De ahí surgió la serie de nueve libros *Conversaciones con Dios*, que se ha publicado en los principales idiomas del mundo.

Neale les ha dicho a sus lectores y a los medios de comunicación que todos tenemos continuamente conversaciones con Dios, y la pregunta no es: ¿con quién habla Dios?, sino: ¿quién escucha?

La decisión de escuchar le ha cambiado la vida. Anotó las preguntas que tenía en su corazón y las respuestas que recibía para poder recordar sus intercambios con la Deidad. Más adelante se dio cuenta de que estaba siendo invitado a transmitir estas palabras al mundo, a ser uno de tantos mensajeros a lo largo de la historia que han dado lo mejor de sí para escuchar y presentar los mensajes de Dios. Neale invita a todas las personas a compartir los mensajes que reciben y a vivirlos lo mejor que puedan, pues cree que el mundo cambiaría de la noche a la mañana si una parte de su población abrazara el mensaje más importante de Dios: *Me habéis entendido mal*.